MAISONS

LES

PLUS REMARQUABLES

DE PARIS

IMPRIMERIE L. TOINON ET Cie, A SAINT-GERMAIN

MAISONS

LES
PLUS REMARQUABLES
DE PARIS

CONSTRUITES PENDANT LES TROIS DERNIÈRES ANNÉES

PAR MESSIEURS

SIGLE, BROUILHONNY, DAVIOUD, FEYDEAU, LABROUSTE, LENOIR (VICTOR), LOBROT, MESNARD (PAUL)

PIGEORY, ROLLAND, ROUHAULT DE FLEURY, RIVIÈRE (LÉON), SIBERT, ETC., ETC.

ARCHITECTES

RELEVÉES, MESURÉES ET DESSINÉES SUR PLACE

GRAVÉES SUR ACIER ET PUBLIÉES

AVEC PLANS, COUPES, ÉLÉVATIONS, DÉTAILS INTÉRIEURS ET EXTÉRIEURS

PARIS
A. LÉVY, ÉDITEUR
29, RUE DE SEINE
1870

MAISONS
LES PLUS REMARQUABLES
DE PARIS

AVIS DE L'ÉDITEUR

En publiant un ouvrage sur les Maisons de Paris, nous avons eu pour but de publier un travail tout à fait utile au point de vue de l'art et de la pratique.

Nous avons été assez heureux pour être mis à même de pouvoir reproduire les constructions qui font partie de notre publication, grâce à la bienveillance qu'ont eue MM. les Architectes de nous autoriser à reproduire leurs œuvres. Aussi notre but a-t-il été atteint largement !

Nous n'avons pas une seule planche qui n'ait son mérite réel. Nous nous sommes bien gardé de ne pas faire entrer dans l'ouvrage ni la bonne distribution intérieure en vue du rapport, ni celle des habitations particulières ; il en est de même pour les décorations extérieures et intérieures. Notre texte est une énumération succincte, mais décrire ce qui saute aux yeux devenait inutile ; néanmoins les lois qui précèdent et les quelques lignes qui le composent aident à l'explication des planches.

Nous serions entré dans une voie plus large, relativement à la théorie, si nous n'avions pas reconnu qu'il valait mieux conseiller à nos souscripteurs d'avoir recours à la quatrième édition du *Guide des Constructeurs* (1), ouvrage qui traite de la connaissance des matériaux de toute espèce nécessaires à la construction, de leur force, de leur pesanteur, de leur résistance, de leurs forces comparatives, des détails, sous-détails et évaluation des ouvrages de bâtiment, soit pour Paris ou pour la province ; des principes de mécanique relatifs à l'art de bâtir, des matériaux, de la fondation des bâtiments, de la stabilité, de la force des murs et points d'appui des murs de revêtement, de la poussée des terres, etc., etc. ; de la menuiserie, de la charpente, de la serrurerie, de la coupe des pierres, etc., etc. ; la manière de faire les devis, les mémoires, les prix de règlement, les détails et sous-détails de chaque partie du bâtiment.

Ayant trouvé la récompense de nos nombreuses démarches dans la satisfaction qu'ont MM. les souscripteurs d'avoir acquis cet ouvrage, nous osons espérer la même faveur pour ceux que nous avons en cours de publication.

(1) 2 vol. in-8° de 944 pages et un Atlas de 87 planches gravées, 60 francs ; chez A. Lévy, éditeur du *Moniteur des Architectes*.

PRINCIPES SUR L'ART DE CONSTRUIRE

Il est avéré que tout, dans le bâtiment, doit être soumis à des règles : sans les règles, rien de parfait n'est possible.

Quelquefois l'imagination d'un artiste produira des effets heureux, mais malheureusement trop souvent cette imagination se fourvoie, et il en advient ce que l'on appelle un anachronisme architectural.

Veut-on donner à une construction cette régularité, cet ensemble de proportion, cette sage ordonnance d'où résulte un tout harmonieux qui contente le goût, satisfait l'esprit et flatte le regard? l'on n'y parviendra à coup sûr qu'à l'aide de principes arrêtés et des règles fixes.

Si nous conseillons de suivre les règles, filles de l'expérience, c'est que nous sommes sûrs qu'elles ne trompent pas.

Nous dirons même qu'un constructeur qui veut s'en affranchir, quel que soit son génie, s'expose à s'égarer dans de fausses routes; tandis qu'en se soumettant aux règles, l'on parvient à réunir les trois conditions principales, qui sont : l'économie, la solidité et la régularité.

DE LA SOLIDITÉ

Nous sommes d'avis que, pour la solidité, il ne suffit pas qu'une construction la possède en réalité; il faut qu'elle l'ait en apparence; il devient donc ridicule d'affecter une hardiesse de construction que n'exige pas la nécessité. Trop d'affectation de solidité n'est pas moins blâmable, car elle ne sert qu'à absorber en pure perte une grande quantité de matériaux et un travail inutile, et, qui plus est, rend les constructions tout à la fois lourdes, sans grâce et sans élégance.

Que l'on saisisse le juste milieu entre la hardiesse inconvenante et la lourdeur superfine, que l'on ne perde pas de vue les principes fondamentaux de la construction, qui ont pour base les lois de la mécanique et de la physique, et les convenances dépendantes de la solidité seront satisfaites.

La solidité dépend beaucoup aussi de la distribution, car il faut qu'elle soit faite de manière que chaque partie contribue à la solidité du tout et qu'elles se lient et s'enchaînent mutuellement.

Quand plusieurs étages doivent être superposés, il faut que les murs se correspondent exactement de haut en bas et que les vides se trouvent sur les vides, comme les pleins sur les pleins; l'on doit opposer aux poussées les massifs les plus vigoureux et réciproquement; on doit aussi concentrer et diriger les poussées vers les points les plus capables d'y résister.

DE L'ÉCONOMIE

Dans les constructions, plus que partout ailleurs, l'économie est nécessaire, car elle n'exclut point la richesse, la grandeur, ni le bon goût lorsque la raison les guide et qu'elles sont commandées par les autres convenances; mais elle rejette complétement l'inutile profusion.

La première règle d'économie est qu'aucun objet ne doit être introduit dans la contexture d'un bâtiment s'il n'a un but distinct d'utilité et de convenance.

Une autre règle d'économie est que l'on doit épargner les matériaux, et surtout ceux coûteux, autant que la solidité le permet, et, pour cela, il faut que cette économie soit judicieuse, et elle ne le serait nullement si, par exemple, les supports qui doivent soutenir de grandes charges ou de fortes poussées étaient formés par des matériaux faibles et sans consistance.

La véritable économie consiste dans l'art d'employer convenablement les matériaux.

DE LA RÉGULARITÉ

La symétrie, qui est une des dépendances de la régularité, veut que tous les objets soient placés avec ordre et distinction, qu'ils soient bien alignés, que les espacements soient exacts et réguliers, qu'on fasse au milieu d'une façade correspondre le plus apparent, soit par sa grandeur, soit par sa richesse; que les objets distribués des deux côtés se correspondent exactement, soit par les mêmes formes, les mêmes alignements du centre, par les mêmes dimensions, et que les divers objets superposés se trouvent sur les mêmes lignes verticales.

La symétrie n'exclut pas la variété, pourvu toutefois qu'elle s'accorde avec les autres convenances.

Nous recommanderons de faire l'application de l'harmonie des proportions et d'avoir égard à l'emplacement que chaque objet doit occuper et aux altérations que les effets d'optique peuvent y produire.

Cette petite explication sur l'art de construire est éminemment utile à suivre, de même que les articles qui suivent relatifs aux lois et décrets à observer dans la construction des maisons.

CONDITIONS RELATÉES

DANS LES PERMISSIONS DE VOIRIES RELATIVES AUX CONSTRUCTIONS

ARTICLE 1er. — Toutes les charges et conditions énoncées dans la présente permission sont de rigueur. Dans le cas où elles ne seraient pas remplies, des poursuites seraient dirigées contre le propriétaire, l'architecte et l'entrepreneur, qui ne pourraient se prévaloir de ce que les figures soumises à l'administration ne seraient pas conformes auxdites conditions. — Des poursuites seraient également exercées dans le cas où les travaux auraient été commencés avant la délivrance de la permission.

ART. 2. — Les lignes horizontales de façade, comme grand balcon, bandeaux, entablements, etc., des diverses maisons comprises dans un même îlot, devront être raccordées entre elles.

Lorsque l'inclinaison de la voie publique ne permettra pas de raccorder les façades des diverses maisons d'un îlot, ces maisons seront divisées par groupe, suivant les indications de l'administration. Les lignes horizontales, dans chaque îlot ou groupe de maisons, pourront être profilées sur la tête du mur mitoyen en cas de symétrie complète des lignes des deux façades contiguës, à moins que des tuyaux de ventilation d'égout ne doivent être mis en applique sur ledit mur, comme il sera dit ci-après.

Les propriétaires pourront toutefois s'affranchir du raccord avec les maisons contiguës en respectant le nu de la tête desdits murs. Dans ces divers cas, l'administration déterminera le point où devra être mesurée la hauteur du mur de face toutes les fois qu'il s'agira d'une hauteur de plus de 17 mètres 55 centimètres.

ART. 3. — Le mur de face du bâtiment auquel s'applique la présente permission, y compris l'attique ou les mansardes, ne dépassera pas la hauteur de (1). La hauteur des murs de face sur les cours ou espaces intérieurs sera conforme à l'art. 5 du décret du 27 juillet 1859.

Hors des cas prévus par la jurisprudence, le mur de la rue ne pourra être construit en pans de bois. Chaque étage, même l'étage des combles, aura au moins deux mètres 60 centimètres de hauteur dans œuvre. Le faîtage n'excédera pas une hauteur égale à la moitié du corps de logis, mesuré hors œuvre, alors même que le corps de logis serait simple en profondeur.

Hors des cas prévus par le décret du 27 juillet, les pans des combles seront

1) Cette hauteur varie suivant la largeur des voies (*Voir* l'art. 1er du décret impérial, p. 3., 2e col.).

droits et ne dépasseront pas une ligne inclinée à 45 degrés partant de l'extrémité de la corniche. Le relief du chéneau ne sortira pas du même périmètre, et celui des égouts excédera de 10 centimètres en plus la saillie des corniches. Toutes les saillies devront être conformes aux prescriptions de l'ordonnance du 24 décembre 1823. Sur les boulevards ou autres voies plantées, les portes cochères seront placées en face des espaces libres entre les arbres, autrement le passage des voitures ne serait pas autorisé. Les façades des maisons constamment tenues en état de propreté seront grattées, peintes ou badigeonnées au moins une fois tous les dix ans, sur l'injonction de l'autorité municipale, sous peine d'une amende qui pourra s'élever à 100 francs.

Art. 4. — Les constructeurs devront, avant de se mettre à l'œuvre, demander le nivellement de la voie publique au-devant des constructions projetées, ainsi que la profondeur à donner au radier des fosses d'aisances. Au moment de poser la première assise de retraite, ils donneront avis de l'avancement des travaux au chef du service du plan de Paris, à l'Hôtel de Ville, à fin de vérification de l'alignement desdites assises.

Aussitôt après la pose des combles, ils informeront le commissaire-voyer de l'arrondissement de l'exécution de ce travail, à fin de récolement de la hauteur du bâtiment.

Art. 5. — Toute construction nouvelle dans une rue pourvue d'égouts sera disposée de manière à conduire dans l'égout les eaux pluviales et ménagères au moyen d'un branchement en maçonnerie de 2 mètres 30 centimètres de hauteur sur 1 mètre 30 centimètres de largeur, dont l'établissement nécessitera une demande spéciale. Un tuyau de ventilation d'au moins 2 décimètres carrés de section, partant de l'égout et s'élevant au-dessus des combles, sera établi, soit sur le parement intérieur, soit sur la tête du mur mitoyen. Conformément aux dispositions du décret du 16 mars 1852, ces mêmes dispositions seront prises à l'égard des maisons anciennes en cas de graves réparations, à l'égard de toute maison sans exception à partir du 26 mars 1862. En tous les cas, le sol des cours sera disposé de manière à assurer l'écoulement des eaux, et chaque bâtiment sera pourvu des accessoires nécessaires aux besoins des habitants, tels que cabinets d'aisances, cuvettes pour les eaux ménagères et tuyaux d'écoulement, le tout établi dans de bonnes conditions de salubrité.

Art. 6. — Les dégradations faites au pavé et aux trottoirs, à l'occasion des travaux autorisés, seront réparées aux frais des propriétaires par les entrepreneurs de travaux de la voie publique, sous la surveillance des ingénieurs du service municipal. En conséquence, deux jours avant de commencer les travaux qui devront occasionner les dérangements du pavé ou trottoir, les constructeurs devront donner avis desdits travaux au directeur du service municipal, à l'Hôtel de Ville, et justifier, au commissaire de police du quartier, de l'accomplissement de cette formalité. Les frais du premier pavage du terrain dévolu à la voie publique, par suite de reculement, sont à la charge des propriétaires riverains ; mais les travaux de viabilité ne pourront être entrepris qu'à la suite d'une demande spéciale formée lors de l'achèvement complet, soit du pavage, soit du trottoir qui en tiendra lieu.

Art. 7. — Les plaques indicatives des voies publiques et du numérotage des maisons seront, en cas de reconstruction, mises à part et conservées par le propriétaire ; celles qui auraient été endommagées seront rétablies à ses frais. Les emplacements destinés auxdites plaques seront ménagés et ne devront être masqués sous aucun prétexte. Les plaques indicatives des voies publiques seront placées à 5 centimètres au-dessus du niveau du tube horizontal de la lanterne d'éclairage public la plus rapprochée, et, selon les cas, à 105 millimètres des encoignures ou dans l'axe des rues aboutissant en face des maisons sur lesquelles elles sont posées. Les numéros sont placés au-dessus et dans l'axe de la principale porte de chaque maison, ou, en cas d'empêchement, dans l'axe du dosseret droit de ladite porte, à 3 mètres au moins et à 5 mètres au plus au-dessus du trottoir.

Art. 8. — Lorsqu'il y aura lieu d'établir une barrière provisoire au-devant des constructions, le constructeur doit se soumettre aux prescriptions du préfet de police pour la saillie de cette barrière.

Art. 9. — La présente permission est délivrée sous toutes réserves à l'égard des droits des tiers et de ceux qui pourraient en résulter, en faveur de la ville de Paris, des clauses du contrat par lequel elle aurait cédé une partie ou la totalité du terrain sur lequel doivent être élevées les constructions projetées ; elle n'est valable que pour un an, à compter de ce jour, et devra être renouvelée dans le cas où les travaux n'auraient pas été exécutés dans ledit délai. En exécution de la loi du 3 novembre 1798, et vu la décision du ministre des finances du 14 février 1809, l'impétrant supportera les frais du timbre de l'ampliation qni lui sera remise.

Art. 10. — En cas d'incertitude au sujet de l'interprétation des termes de la présente permission, le propriétaire, l'architecte ou l'entrepreneur devra s'adresser au commissaire-voyer de l'arrondissement qui lui donnera toutes les explications convenables, même sur les lieux au besoin.

DÉCRET IMPÉRIAL

PORTANT RÈGLEMENT SUR LA HAUTEUR DES MAISONS, COMBLES ET LUCARNES
DANS LA VILLE DE PARIS

—

TITRE PREMIER

De la hauteur des façades des bâtiments bordant la voie publique.

Art. 1er. — Cette hauteur, mesurée du trottoir ou du pavé, au pied des façades des bâtiments, et prise, dans tous les cas, au milieu de ces façades, ne peut excéder, y compris les entablements, attiques et toutes les constructions aplomb du mur de face, savoir :

11 mètres 70 centimètres pour les voies publiques au-dessous de 7 mètres 80 centimètres de largeur ;

14 mètres 60 centimètres pour les voies publiques au-dessous de 7 mètres 80 centimètres, et au-dessus, jusqu'à 9 mètres 75 centimètres ;

17 mètres 55 centimètres pour les voies publiques au-dessous de 9 mètres 75 centimètres, et au-dessus.

Toutefois, dans les rues ou boulevards de 20 mètres et au-dessus, la hauteur des bâtiments peut être portée jusqu'à 20 mètres, mais à la charge par les constructeurs de ne faire en aucun cas, au-dessus du rez-de-chaussée, plus de cinq étages carrés, entre-sol compris.

Art. 2. — Les façades qui seront construites sur la voie publique, soit en retraite de l'alignement, soit à fruit ou de toute autre manière, ne peuvent être élevées qu'à la hauteur déterminée pour les maisons construites à l'alignement.

Art. 3. — Tout bâtiment situé à l'encoignure de deux voies publiques d'inégales largeurs peut, par exception, être élevé du côté de la plus étroite, à la hauteur fixée pour la plus large ; toutefois cette exception ne s'étendra, sur la voie publique étroite que jusqu'à concurrence de la profondeur du corps de bâtiment ayant face sur la voie la plus large, soit que ce corps de bâtiment soit simple ou double en profondeur.

Cette disposition ne peut être invoquée que pour les bâtiments construits à l'alignement déterminé pour les deux voies publiques.

Art. 4. — Pour les bâtiments autres que ceux dont il est parlé ci-dessus et qui occupent tout l'espace compris entre deux voies d'inégales largeurs ou de niveaux différents, chacune des deux façades ne peut dépasser la hauteur fixée en raison de la largeur ou du niveau de la voie publique sur laquelle chaque façade sera située.

Toutefois, lorsque la plus grande distance entre les deux façades n'excède pas 15 mètres, la façade bordant la voie publique la moins large ou du niveau le plus bas peut, par exception, être élevée à la hauteur fixée pour la rue la plus large ou du niveau le plus élevé.

De la hauteur des bâtiments situés en dehors des voies publiques.

Art. 5. — Les bâtiments situés en dehors des voies publiques, dans les cours et espaces intérieurs, ne peuvent excéder, sur aucune de leurs faces, la hauteur de 17 mètres 55 centimètres mesurés du sol.

L'administration peut toutefois autoriser, par exception, des constructions plus élevées pour les besoins d'arts, de sciences ou d'industries.

Dans ces cas, elle fixe les dimensions, la forme et le mode de ces surélévations.

De la hauteur des étages.

Art. 6. — Dans tous les bâtiments, de quelque nature qu'ils soient, il ne peut être exigé, en exécution de l'art. 4 du décret du 26 mars 1852, une hauteur d'étage de plus de 2 mètres 60 centimètres.

Pour l'étage dans le comble, cette hauteur s'applique à la partie la plus élevée du rampan.

TITRE II

Des combles au-dessus des façades.

Art. 7. — Le faîtage des combles ne peut excéder une hauteur égale à la moitié de la profondeur du bâtiment, y compris les saillies et corniches.

Le profil des combles, sur la façade du côté de la voie publique, ne peut dépasser une ligne inclinée partant de l'extrémité ou de l'entablement.

Art. 8. — Sur les quais, boulevards, places publiques et dans les voies publiques de 15 mètres au moins de largeur, ainsi que dans les cours et espaces intérieurs en dehors de la voie publique, les lignes droites inclinées à 45 degrés dans le périmètre indiqué ci-dessus peuvent être remplacées par un quart de cercle dont le rayon ne peut excéder la hauteur fixée par l'art. 7.

La saillie de l'entablement sera laissée en dehors du quart de cercle.

Art. 9. — Les combles situés à l'angle d'une voie publique de 15 mètres au moins de largeur et d'une voie publique de moins de 15 mètres peuvent, par exception, être établis sur cette dernière voie suivant le périmètre déterminé par l'art. 8, mais seulement dans la même profondeur que celle fixée par l'art. 3.

Art. 10. — Dans les cas prévus par les trois articles précédents, les reliefs des chéneaux et membrans ne doivent pas excéder la ligne inclinée à 45 degrés partant de l'extrémité de l'entablement ou le quart de cercle, qui, dans les cas prévus par l'art. 8, peut remplacer cette ligne.

Art. 11. — Les murs de dossiers et les tuyaux de cheminées ne pourront percer la ligne rampante des combles qu'à 1 mètre 50 centimètres mesuré horizontalement du parement extérieur du mur de face, ni s'élever à plus de 60 centimètres au-dessus du faîtage.

Art. 12. — La face extérieure des lucarnes doit être placée en arrière du parement extérieur du mur de face donnant sur la voie publique et à une distance d'au moins 30 centimètres.

Elles ne peuvent s'élever, compris leurs toitures, à plus de 3 mètres au-dessus de la base des combles.

Leur largeur ne peut excéder 1 mètre 50 centimètres hors œuvres.

Les jouées de ces lucarnes doivent être parallèles entre elles.

Les intervalles auront au moins 1 mètre 50 centimètres, quelle que soit la largeur des lucarnes.

La saillie de leurs corniches et bouts compris ne doit pas excéder 15 centimètres.

Il peut être établi un second rang de lucarnes en se renfermant dans le périmètre déterminé par les art. 7 et 8.

Des combles au-dessus des façades élevées à une hauteur moindre que la hauteur légale.

Art. 13. — Les combles au-dessus des façades qui ne seraient pas élevées au maximum de hauteur déterminé dans le titre Ier peuvent dépasser le périmètre fixé par l'art. 7; mais ils ne doivent pas toutefois, ainsi que leurs chéneaux, membrans, lucarnes et murs de dossiers, excéder le périmètre général des bâtiments fixé, tant pour les façades que pour les combles, par les dispositions du titre Ier et de la 1re section du présent titre.

Art. 14. — Les dispositions du présent titre sont applicables aux bâtiments placés ou non sur la voie publique.

TITRE III

Dispositions transitoires.

Art. 15. — Les murs de face, les combles, les lucarnes d'où l'élévation ou la forme excède actuellement celles ci-dessus prescrites, ne peuvent être réconfortés ni reconstruits qu'à la charge de se conformer aux dispositions qui précèdent.

Toutefois l'interdiction de réconforter les bâtiments situés en dehors des voies publiques, dans les cours et impasses inférieures, ne sera appliquée à ces bâtiments qu'à l'expiration d'un délai de vingt ans à partir de la promulgation du présent décret.

TITRE IV

Dispositions diverses.

Art. 16. — Les dispositions du présent décret ne sont pas applicables aux édifices publics.

Art. 17. — Les dispositions des règlements, ordonnances et autres actes qui seraient contraires au présent décret sont et demeurent rapportées.

NOTE DESCRIPTIVE

Planches 1, 2, 3. — Hôtels particuliers.

La planche 1 reproduit les plans et les élévations de l'hôtel qu'un de nos architectes les plus connus a élevé pour son habitation particulière, et l'on y trouve, indépendamment des distributions qui conviennent à l'exercice de sa profession, toutes les commodités, le confortable et le luxe dont ne saurait se passer un homme du monde recevant une société d'élite. L'extérieur, sobre d'ornementation, permet, à qui peut en franchir le seuil, de mieux apprécier le goût et la richesse de l'intérieur.

L'étage de soubassement, élevé sur caves, est, comme on le voit, réservé au concierge, aux cuisines et aux bureaux; le rez-de-chaussée est consacré aux réceptions; le premier étage aux appartements privés, et l'étage supérieur aux bains et aux domestiques. Une écurie et une remise, situées au fond du jardin, complètent cette habitation, dans laquelle il nous a semblé que l'on pourrait puiser de bonnes idées.

La planche 1, dont il est parlé ci-dessus, décrit un hôtel élevé au n° 75 de la rue d'Amsterdam; celui qui est reproduit par la planche 2 y est contigu et porte le n° 73. Le style n'en est pas le même : une façade avec perron sur la cour, inspirée du Louis XIII, est d'un bon effet; les plans varient de celui du n° 75, mais les mêmes dispositions d'étages y règnent. La planche 3 est due au même architecte, M. Pigeory. Élevé moins au centre de Paris, l'architecture n'en est plus la même; néanmoins l'on peut consulter avec fruit la distribution, le caractère et l'architecture de ce joli petit hôtel construit entre deux jardins; des écuries et des remises fort élégamment bâties l'accompagnent.

Ces trois types nous ont paru de grande valeur pour notre ouvrage; nous allons passer à la décoration des places ou maisons-types.

Planches 4, 5, 6, 7, 8 et 9. — Maisons monumentales
DE LA PLACE DE L'ÉTOILE.

Jusqu'à ces dernières années les abords de l'Arc de Triomphe de l'Étoile, de ce monument qui est en quelque sorte le résumé d'un règne glorieux, étaient laissés dans un fâcheux abandon; des bâtiments irréguliers, sans caractère, de misérables bicoques et des terrains vagues l'environnaient, lorsque, par un décret spécial daté de Biarritz (13 août 1854), l'Empereur ordonna l'agrandissement de la place de l'Étoile et l'édification de constructions monumentales d'une architecture uniforme en bordure du nouvel alignement. Plusieurs de ces constructions sont complètement achevées.

Tout en laissant aux acquéreurs des terrains bordant cette place la liberté de choisir tel architecte que bon leur semblerait, le décret, pour arriver à l'uniformité nécessaire, leur imposait certaine sujétion, dont les principales étaient :

1° De ne construire qu'à 16 mètres en arrière de l'alignement de la place;

2° De se clore au droit de cet alignement, et sur les parties faisant retour et sur les avenues rayonnantes, au moyen d'une grille en fer avec ornements en fonte conforme au modèle adopté pour la clôture de toutes les propriétés riveraines des voies percées aux abords du bois de Boulogne;

3° De planter en parterre d'agrément l'espace laissé libre entre la grille et les bâtiments;

4° De n'avoir d'entrées que sur une rue circulaire servant de ceinture aux bâtiments élevés sur la place;

5° D'édifier des constructions toutes d'une même hauteur, tant dans leur ensemble que dans leurs lignes horizontales, ayant leurs façades en pierres, leurs combles brisés avec mansardes et surmontés d'une crête en fer fondu;

6° Enfin de faire usage pour les façades d'une architecture semblable pour toutes et conforme aux dessins arrêtés par l'administration.

Lorsque sa reconstruction sera achevée, la place de l'Étoile présentera, ainsi que le montre la planche 4, un cercle de 230 mètres de diamètre dont l'Arc de Triomphe occupera le centre.

Ce diamètre serait de 262 mètres si on le prenait à partir des bâtiments.

Autour de cette place rayonnent douze avenues, dont sept de création nouvelle : ce sont les boulevards projetés ou en cours d'exécution de Passy, du Roi-de-Rome, de l'Alma, de Beaujon, de Monceaux, les avenues des Ternes et du Prince-Impérial. Quant à l'avenue de l'Impératrice, sans être aussi ancienne que celles des Champs-Élysées, de Neuilly, de Saint-Cloud et de l'Étoile, elle existe depuis assez longtemps déjà pour avoir pris rang parmi les faits accomplis. La largeur de ces avenues n'est pas la même pour toutes : ainsi celles des Champs-Élysées et de Neuilly ont chacune 70 mètres de large ; les boulevards de l'Alma, de Beaujon et l'avenue du Prince-Impérial ont 40 mètres, largeur à laquelle se trouve réduite l'avenue de l'Impératrice à son origine. Seulement, dans la partie de ces voies publiques comprise entre la place et la rue circulaire, les bâtiments ne pourront s'élever qu'à 3 mètres en arrière des grilles, ce qui en porte la largeur apparente à 46 mètres ; les autres boulevards et avenues ont chacun 36 mètres.

La profondeur des bâtiments est de 26 mètres mesurée au pied de leur soubassement, qui s'élève sur l'alignement même, aucune tolérance de saillie n'ayant été admise à leur égard.

La rue circulaire qui les entoure a 12 mètres de largeur, et sur cette voie toute latitude a été laissée aux propriétaires en ce qui concerne la clôture, les entrées et la décoration des façades.

Sans être éminemment monumental, le caractère des bâtiments en bordure de la place de l'Étoile est parfaitement en rapport avec celui du monument triomphal décoré lui-même avec simplicité ; il n'eût pas été rationnel de prodiguer la décoration sur des édifices qui ne sont que l'accessoire du principal, et qui, en définitive, ne sont que des bâtiments d'habitation.

Leurs façades sont régulières, uniformes, et annoncent autre chose que des maisons vulgaires et banales ; le but auquel on a visé se trouve donc atteint. Il est d'ailleurs probable que dans d'autres conditions d'emplacement ces bâtiments se présenteraient plus noblement ; situés autour d'une place d'un immense rayon sur laquelle viennent aboutir des avenues trop nombreuses et relativement trop larges, ils sont comme perdus dans le vide, et leurs proportions s'en trouvent considérablement amoindries.

Il est bon d'ajouter que les façades qui ont le moins de développement sont précisément celles comprises entre les avenues les plus larges.

Entre ces façades, il n'y a d'autre diversité qu'une combinaison différente des mêmes éléments architectoniques.

En raison de leur développement moins considérable et de leur variété un peu plus grande, les façades latérales ont un aspect plus agréable que celles qui regardent la place.

Elles se distinguent par un heureux agencement de lignes et par une bonne distribution des ornements.

D'une architecture calme, elles sont riches sans profusion, et, comme on peut le voir par les planches de détails 6 et 7, les profils n'en sont pas très-compliqués. Le rez-de-chaussée, assez simple sans mesquinerie, s'élève sur un soubassement d'une certaine fermeté dans lequel sont percés les jours éclairant l'étage en soussol. Ce rez-de-chaussée est décoré dans le goût florentin et n'est pas la partie la moins bien conçue des façades. Les étages supérieurs sont compris dans la hauteur d'un ordre corinthien qui s'écarte un peu des proportions classiques, et dont les divers éléments n'ont pour ainsi dire rien de commun avec le corinthien ordinaire ; les fenêtres sont entourées de chambranles qui seraient peut-être un peu maigres sans l'adjonction des contre-chambranles existant sous les consoles supportant les attiques.

Les pilastres cannelés ont une proportion assez ferme et sont surmontés de chapiteaux grecs très-bien ajustés qui sont peut-être la partie la mieux traitée de la sculpture d'ornement ; l'architrave, plus compliquée au-dessus des pilastres et plus simple entre eux, se présente ainsi dans des conditions qui nous paraissent également rationnelles.

Quant aux guirlandes et aux couronnes qui occupent la frise, exécutées dans le goût romain, on ne peut se défendre d'y trouver un certain cachet de banalité ; l'acrotère produit un meilleur effet et couronne avantageusement les bâtiments ; il en est de même de la crête en fer fondu qui surmonte la brisure du comble.

Le plan est dû à M. Rouhault de Fleury, et nous renvoyons nos lecteurs à la planche 5.

Planches 10 et 11.

Cet hôtel, construit à l'angle de l'avenue d'Antin et du rond-point des Champs-Élysées, nous a paru utile à reproduire 1° comme spécimen d'hôtel puisé du style Louis XV, assez employé aujourd'hui ; 2° comme devant servir de type, d'après le décret du 11 septembre 1860, aux autres maisons à construire sur la place du Rond-Point.

Ces planches, ainsi que les précédentes, donnent deux modèles d'architecture différents propres aux alentours des places. M. Victor Lenoir est l'architecte de cette maison.

Planches 12, 13, 14 et 15.

Citer M. Henri Labrouste comme étant l'architecte de l'hôtel reproduit par les planches 12 à 15, c'est faire l'éloge de cette construction qui, pour être inspirée sur les bâtiments anciens de la Bibliothèque impériale, n'en est pas moins une œuvre originale. En bordure sur la rue de Berry s'élèvent deux pavillons de concierge et deux belles portes cochères reliées par une grille de clôture reposant sur un puissant soubassement en pierre. A travers le lierre qui tapisse cette grille on découvre toute la façade principale d'hôtel, lequel est isolé sur ses quatre faces et situé entre cour et jardin ; cette façade se compose d'un arrière-corps percé de huit fenêtres et flanqué de deux avant-corps précédés d'un porche. Ces portes ou descentes à couvert en sont une des parties les plus remarquables ; aussi avons-nous jugé utile d'en former le sujet d'une planche à part (pl. 13). Le mélange de la pierre et de la brique, l'emploi des bossages et quelques sculptures de très-bon goût font les principaux frais de la décoration, et si la cause de l'architecture Louis XIII n'était maintenant gagnée, nous mettrions cet hôtel au nombre de ceux qui plaident le plus éloquemment en faveur de cette architecture.

L'élévation sur le jardin est semblable à celle en regard de la rue, excepté qu'il s'y trouve des perrons et que les avant-corps, dépourvus de porches, ne s'élèvent que jusqu'au premier étage où ils forment deux terrasses de plain-pied avec les appartements.

Les faces latérales sont relativement fort simples et procèdent des faces principales. Dans le jardin, auquel on arrive par les espaces ménagés à droite et à gauche du bâtiment, se trouvent une serre assez vaste ainsi que des écuries et des remises qui sont masquées par des plantations et des mouvements de terrain, de manière à ne pas gêner la vue.

Si nous avons omis les plans, la cause en est à ce que M. Fould, le propriétaire, y a mis des objections ; des particularités, de l'avis même de l'architecte, les rendent à peu près inutiles pour l'étude.

Planches 16 et 17.

Sur ces planches sont rapprochés à de très-petites échelles divers plans de terrains irréguliers, distribués pour des maisons de rapport ; l'érudition qui a présidé à leur choix les rendra propres à éviter des recherches souvent fort longues et pénibles pour MM. les constructeurs. A la partie graphique l'on trouvera toutes les explications nécessaires.

Planches 18, 19, 20 et 21.

Ces planches ont rapport à une maison située rue Duperré, nᵒ 17, qui, quoique d'une dimension ordinaire, est empreinte d'un cachet de bon goût et de belle architecture ; on y reconnaît ce qu'amènent toujours de sérieuses études. M. Sibert est l'auteur de celle dont nous faisons mention et de beaucoup d'autres.

Beaucoup de ses constructions, toutes pour mieux dire, révèlent le talent de cet architecte. Il ne nous a été permis, vu le cadre de notre publication, de ne publier que celle dont il est question ; mais néanmoins nous la regardons et à juste titre comme une des plus remarquables élevées récemment.

La planche 18 démontre la façade et la coupe. Que nos lecteurs apprécient cet ensemble et qu'ils se reportent à la planche 19 où ils trouveront l'explication sur une grande échelle de l'ornementation du premier étage ; de même, à la planche 20, la sculpture et les ancres qui ornementent le deuxième étage y sont décrites avec une régularité parfaite. Passant à la planche 21, vous y voyez la décoration du troisième étage et le détail des petites fenêtres exécutées tant au deuxième qu'au troisième étage. Nous n'omettrons pas moins de signaler les ancres qui se trouvent à la planche 20. A quoi sert de cacher la solidité d'une construction par des plâtras, quand bien étudiée elle devient une jolie partie de son ornementation ? ce défaut, ou vice plutôt, qui tendait à s'accroître, est aujourd'hui repoussé par les bons constructeurs, et il en est de même pour les petites fenêtres qui sont décrites dans la planche 21. Les anciens ne proportionnaient-ils pas les jours avec les pièces qu'ils devaient éclairer? Tout dans cette construction respire le savoir et le bon goût; aussi nous engageons les lecteurs à bien l'étudier. Si nous avons omis les plans qui ne sont pas sans mérite, la raison est que nous en aurions reproduit d'analogues, si ce n'est qu'un atelier d'artiste existe dans les combles de celle de la rue Duperré.

Planches 22, 23, 24, 25, 26 et 27.

Ces planches sont appropriées à une construction élevée, sous la direction de M. Rolland, au n° 72 du boulevard Sébastopol (rive droite). Tout le monde sait avec quelle habileté sont distribués tous les plans conçus par cet architecte, qui jouit d'une réputation justement acquise. La construction dont il s'agit ici se compose d'un bâtiment principal en bordure sur le boulevard Sébastopol avec ailes de même hauteur de chaque côté d'une cour au fond de laquelle existe un autre bâtiment un peu moins élevé; cette cour, ainsi que deux autres beaucoup plus petites existant au côté droit de l'immeuble, sont couvertes par un vitrage au niveau du premier étage. Le sous-sol est à peu de chose près distribué comme le rez-de-chaussée, et, par suite, l'on peut se représenter le plan des caves que, pour cette raison, nous avons cru pouvoir nous dispenser de reproduire; nous avons également négligé l'entre-sol à cause de son analogie avec le rez-de-chaussée.

Ces trois étages sont agencés pour une exploitation commerciale. Les premier et deuxième étages sont semblables; le troisième et le quatrième n'offrent aucune différence avec les deux précédents qu'en ce qu'au troisième le bâtiment postérieur n'existe pas.

On peut également se le représenter à l'aide du plan du premier étage. Nous avons ajouté le plan de l'étage mansardé du bâtiment principal qui, quoique d'une destination modeste, n'est pas moins soigneusement étudié que les autres.

Planches 28, 29, 30, 31, 32 et 33.

Cette construction, élevée à l'angle du boulevard Sébastopol et de la rue Pernelle, a de façade 23 mètres 40 centimètres sur le boulevard et 17 mètres 58 centimètres sur la rue; le pan coupé est de 3 mètres. Les planches 28 et 29 reproduisent l'élévation, le pan coupé et la coupe; celle 30, le plan du rez-de-chaussée; celle 31, celui des premier, deuxième et troisième étages; aux planches 32 et 33 se trouvent les détails des sculptures : à la première ceux de l'entre-sol, du premier, du balcon du pan coupé; à la seconde les chapiteaux, etc., des deuxième et troisième. Les lignes sont bien raisonnées, l'ornementation est étudiée et exécutée avec soin; aussi nous appelons l'attention du lecteur sur la composition des profils et le galbe des moulures, ainsi que sur le caractère de la décoration que nos planches reproduisent scrupuleusement.

M. Léon Rivière est l'architecte de cette construction.

Planches 34, 35, 36, 37, 38.

Cette propriété, élevée rue de la Chaussée-d'Antin, sous les ordres de M. Paul Mesnard, est d'une importance peu commune. Elle a été étudiée et exécutée avec beaucoup de savoir, aussi la donnons-nous comme l'un des meilleurs exemples du parti à tirer d'un lot de terrain vaste et profond. L'on verra par le plan que sa longueur est de 80 mètres 10 centimètres et sa largeur de 32 mètres; trois cours séparent les bâtiments principaux : la première de 13 mètres 20 centimètres, la seconde de 13 mètres 40 centimètres et la troisième de 8 mètres 60 centimètres; à chacune des cours deux ailes de bâtiment existent. L'élévation principale est de bon goût, celles sur les cours sont plus simples et ne laissent rien à désirer à celle du premier corps, dont le vestibule est majestueux sans être luxueux. Bâtie dans le quartier des grandes affaires, banques, compagnies, assurances y peuvent trouver leurs bureaux. De vastes et beaux appartements s'y trouvent ainsi que des écuries et remises.

Planches 39, 40, 41, 42, 43, 44, 45.

Ces planches représentent deux maisons exécutées sous les ordres de M. Davioud, rue Sainte-Placide, 36 et 38. La meilleure explication que nous puissions

en faire est de citer le nom de leur auteur. La réputation de ce jeune et éminent architecte, quoique rapidement faite, est aujourd'hui solidement établie; toutes les maisons dont il est l'auteur se distinguent par un caractère spécial et une certaine originalité de bon goût qui les mettent au premier rang; celles que nous reproduisons ont leur porte qui, quoique se rapportant d'architecture, diffèrent en ce que les vantaux et les détails d'ornement ne sont pas les mêmes. Les ensembles de ces deux maisons, qui n'en forment qu'un, est d'un goût parfait. Les ayant publiées complètement, la partie graphique peut donc servir d'explication.

Planches 46, 47, 48, 49, 50, 51.

A la rencontre du boulevard du Prince-Eugène et de la rue de la Roquette on a ouvert une large place au centre de laquelle s'élèvera la statue du prince et dont le côté sud-ouest sera occupé par la mairie projetée du 12° arrondissement.

Le côté opposé de cette place, celui qui longe la rue de la Roquette, est déjà bâti, et les trois maisons qu'on y a élevées présentent un ensemble architectonique digne d'un quartier plus somptueux. Par l'effet d'une heureuse coïncidence, elles sont toutes les trois l'œuvre du même architecte, à la fois artiste autant que bon praticien.

La planche 46 décrit un plan d'ensemble au premier étage de ces trois constructions. La maison formant l'encoignure du boulevard et de la place du Prince-Eugène a de façade sur le premier point 23 mètres 51 centimètres, et sur le second 8 mètres 82 centimètres. Le rez-de-chaussée se compose de diverses boutiques. L'entrée se trouve sur le boulevard. A gauche du vestibule est le logement du concierge, à droite l'escalier, au fond une cour de 6 mètres 15 centimètres sur 9 mètres.

Le rez-de-chaussée de la maison de la place du Prince-Eugène a de façade 12 mètres 45 centimètres; il se compose de deux boutiques et logements. A gauche de l'escalier se trouve une cour de 2 mètres, correspondant avec celle de la maison voisine; une autre cour de 6 mètres 25 centimètres sur 10 mètres existe à droite. La troisième maison forme un pan coupé de 10 mètres au coin de la place et du boulevard d'Austerlitz, l'entrée s'y trouve au milieu, et plusieurs boutiques composent le rez-de-chaussée avec le logement du concierge et une cour de 6 mètres 25 centimètres sur 10 mètres 57 centimètres. La façade sur la place a 9 mètres, celle du boulevard 13 mètres 74 centimètres.

Ces trois constructions forment un ensemble de façades de 77 mètres 51 centimètres.

Les planches 46 à 51 se rapportent à la maison de l'encoignure de la place et du boulevard du Prince-Eugène. Le style de l'architecture est celui employé à l'époque de Henri IV. Sa décoration pourra peut-être paraître un peu lourde, mais la faute doit en être imputée avant tout et d'abord au style auquel son auteur a voulu se rattacher et aux exigences du propriétaire, qui n'a pas consenti à ce qu'on donnât à la baie de plus grandes dimensions; nous regrettons aussi que les vantaux de la porte ne répondent pas parfaitement à l'architecture qui les encadre, et telle est la raison qui nous a porté à les supprimer à notre planche.

Planches 52, 53, 54, 55 et 56.

Les planches 52 et 53 démontrent l'élévation de la maison construite au coin du boulevard d'Austerlitz et de la place du Prince-Eugène : la planche 52 reproduit celle sur la place et celle 53 celle du pan coupé sur la rue de la Roquette.

L'un des mérites de cette façade, indépendamment de son heureuse distribution, consiste dans le choix et la répartition des sculptures, parmi lesquelles brillent au premier rang les deux cariatides soutenant le balcon du quatrième étage. En ce qui les concerne, M. Brouilhony ne s'est pas contenté de fournir un dessin bien arrêté à un sculpteur habile : il a guidé de près cet artiste dans la confection du modèle, et en a suivi attentivement l'exécution définitive. C'est par des soins de ce genre, auxquels tous les architectes n'attachent pas la même importance, qu'il est arrivé à un résultat aussi remarquable; car il nous semble que les bons sculpteurs du temps de Louis XIII ne désavoueraient pas ces deux belles figures.

Un autre mérite, nous dirions presque une audace, malheureusement rare de nos jours, c'est d'avoir proportionné la dimension des fenêtres à l'importance et à la destination des locaux intérieurs. C'est à cette méthode si rationnelle de traduire ainsi au dehors ce qui constitue l'intérieur, c'est à cette allure franche et vraie que l'architecture de la Renaissance doit en partie la supériorité qu'on se plaît à lui reconnaître.

Planches 57 à 61.

Cette maison est de M. Brouilhony. Dans les trois précédentes, il s'en trouve une du style Louis XIII, une du style Henri IV, et celle que représentent ces planches est du style Renaissance. Les ornements incrustés de marbre sont d'une architecture variée. Nous remarquerons les consoles de l'entre-sol, l'entablement, l'acrotère. Le tout de cette construction mérite d'être étudié comme l'a fait l'auteur; et, pour qui s'est imbu de la science architectonique, il est aisé de voir les monuments où l'auteur s'est inspiré.

Planches 62 à 66.

Cette maison est d'un style tout à fait recommandable. Bàtie sous la direction de M. Lobrot, dans l'avenue des Champs-Élysées, à l'angle de l'avenue Marbeuf, elle se distingue avantageusement parmi toutes celles récemment élevées dans ce quartier neuf. Par son caractère d'originalité, mais d'originalité de bon aloi, le bon goût et le bel effet de ses ornements sculptés, ainsi que la sage distribution de ses moulures au galbe bien étudié, font le plus grand honneur à cet architecte. Les plans, la façade, et trois planches de détails expliquent cette construction.

Planches 67 et 68.

Sur ces deux planches sont reproduits un balcon, deux clés de fenêtres et une porte bâtarde du style Louis XV. Quoique n'étant pas modernes, les sculptures n'en sont pas moins très-utiles comme décoration. Du reste cette construction, où existait un roulage il y a quelques années, est aujourd'hui une immense propriété dont un bâtiment principal est en bordure du boulevard Sébastopol; un second corps de bâtiment fait partie de cet immeuble qui a été remanié entière-

ment sous la direction de M. Tavernier, qui y a conservé l'ornementation qui nous occupe. La menuiserie toutefois a été exécutée récemment.

Planches 69, 70, 71 et 72.

Il nous manquait, pour compléter cette collection, un type de porte cochère moderne, et de même pour les lucarnes. Celle que nous donnons peut être considérée comme du style Louis XIV, de même que de l'ornementation du premier étage qui se trouve sur la planche 71. Élevée au coin de l'avenue Marignan et de celle des Champs-Élysées, sous la direction de M. Victor Marie, cette construction est remarquable par sa richesse; aussi lui avons-nous emprunté le sujet des planches 72 et 73, qui consiste en la décoration intérieure d'une salle à manger et d'un salon.

Ces intérieurs, très-bien exécutés, peuvent servir de type à des appartements somptueux.

Planches 73 et 74.

Un intérieur de magasin est une décoration qui demande du goût; nous avons choisi celui que nos planches représentent, l'ayant trouvé bien distribué. M. Edmond Navarre, qui en est l'architecte, a sagement calculé l'emplacement de l'escalier; les candélabres ne manquent pas de grâce; la décoration principale consiste en un motif milieu que la planche 74 représente.

Planches 75, 76, 77, 78, 79 et 80.

Les planches désignées plus haut complètent les intérieurs que nous publions dans cet ouvrage tous vrais de style. Nous renvoyons le lecteur aux dessins. Salons, salle à manger, plafonds, galeries, etc., se trouvent dans cette petite collection.

TABLE DES MATIÈRES

DIVISION DE LA TABLE

EN SEPT PARTIES

1. Plans des Maisons de rapport, planches 5, 16, 17, 23, 24, 25, 30, 31, 35, 36, 39, 46.
2. Plans des Hôtels et demeures particulières, planches 1, 2, 3, 5, 11.
3. Coupes des Maisons de rapport, planches 18, 26, 27, 28, 29, 37, 38, 40, 52.
4. Élévations des Maisons de rapport, planches 18, 22, 28, 29, 34, 40, 47, 52, 53, 63.
5. Élévations des Hôtels et demeures particulières, planches 1, 2, 3, 8, 9, 10, 12.
6. Décorations et sculptures extérieures, planches 6, 7, 13, 14, 15, 19, 20, 21, 32, 33, 42, 43, 48, 49, 50, 51, 54, 55, 56, 58, 59, 60, 61, 64, 65, 66, 67, 68, 69, 70.
7. Décorations et sculptures intérieures, planches 71, 72, 73, 74, 75, 76, 77, 78, 79, 80.

SUBDIVISION DE LA TABLE

ORNEMENTATIONS ET SCULPTURES INTÉRIEURES ET EXTÉRIEURES CLASSÉES PAR STYLE D'OÙ ELLES SONT INSPIRÉES.

Styles grec, 18 à 21, 63 à 66.
— Henri IV, 47 à 51.
— Renaissance, 57 à 61.
— Louis XIII, 12 à 15, 18 à 21, 42 à 56.
— Louis XIV, 69 à 72.
— Louis XV, 10, 67, 68, 78.
— Louis XVI, 75, 76, 77, 79, 80.
— dit Moderne, 1, 2, 3, 8, 9, 22, 28, 29, 32, 33, 34, 40 à 46.

Imprimerie L. Toinon et Cie, à Saint-Germain-en-Laye.

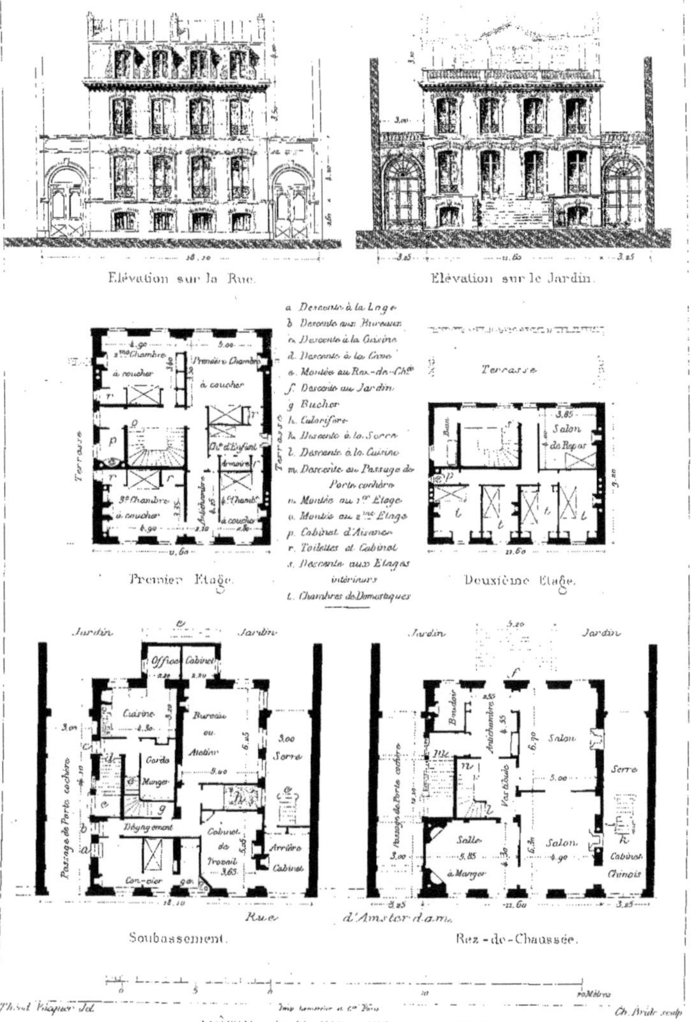

HÔTEL de M. Félix Pigeory architecte.
Rue d'Amsterdam N° 75.

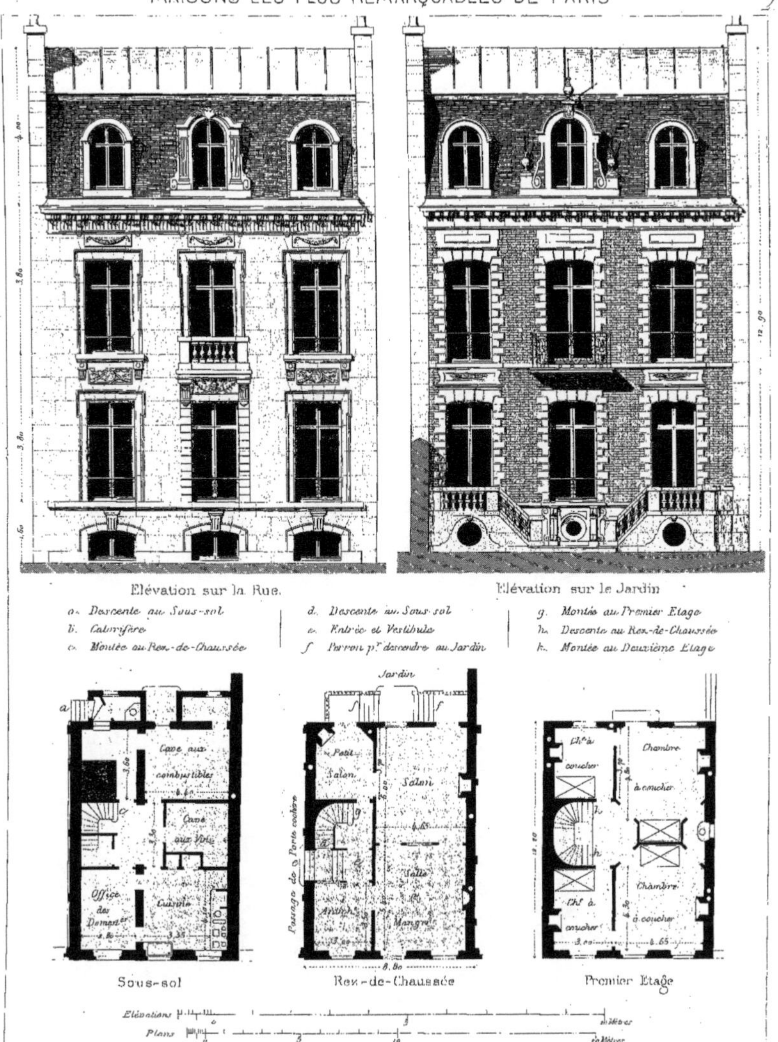

HÔTEL. Rue d'Amsterdam N°73.
M. Félix Pigeory architecte.

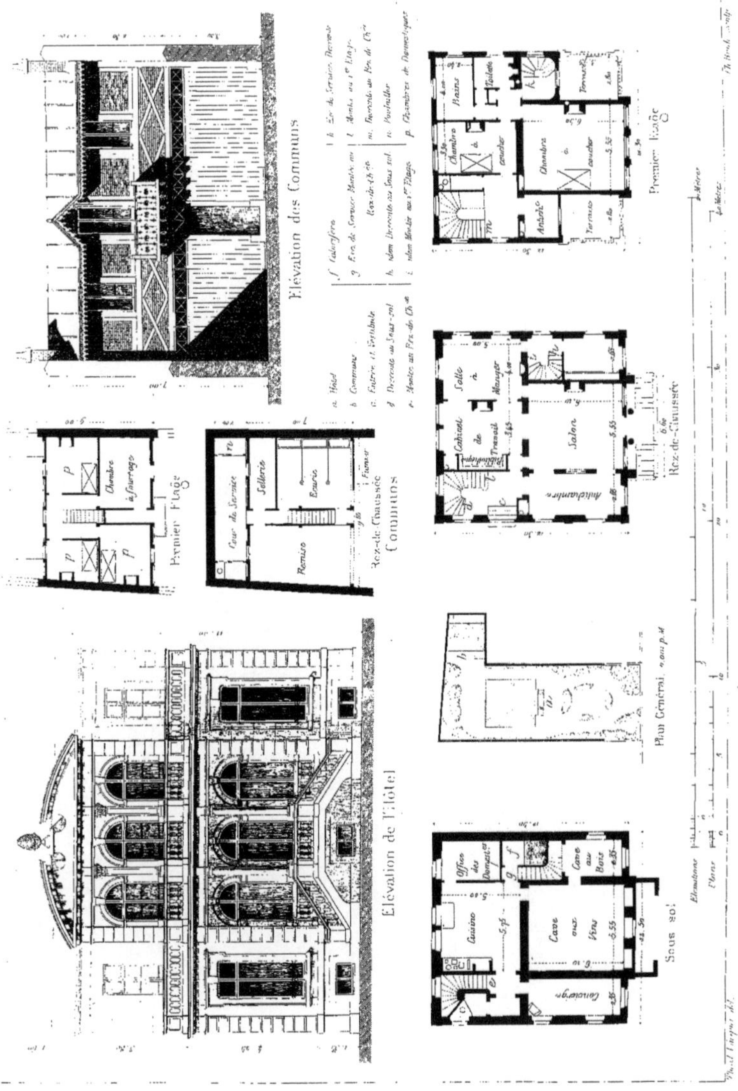

MAISONS LES PLUS REMARQUABLES DE PARIS
Élévation des Communs
Élévation de l'Hôtel
Premier Étage
Rez-de-Chaussée
Communs
Premier Étage
Rez-de-Chaussée
Plan Général
Sous sol
HOTEL, Avenue de Saint Cloud No 65.
M. Félix Pigeory, architecte

CRÈTE
en Fer Fondu

PLAN GÉNÉRAL DE LA PLACE ET DE SES ABORDS

Constructions Monumentales de la
PLACE DE L'ÉTOILE

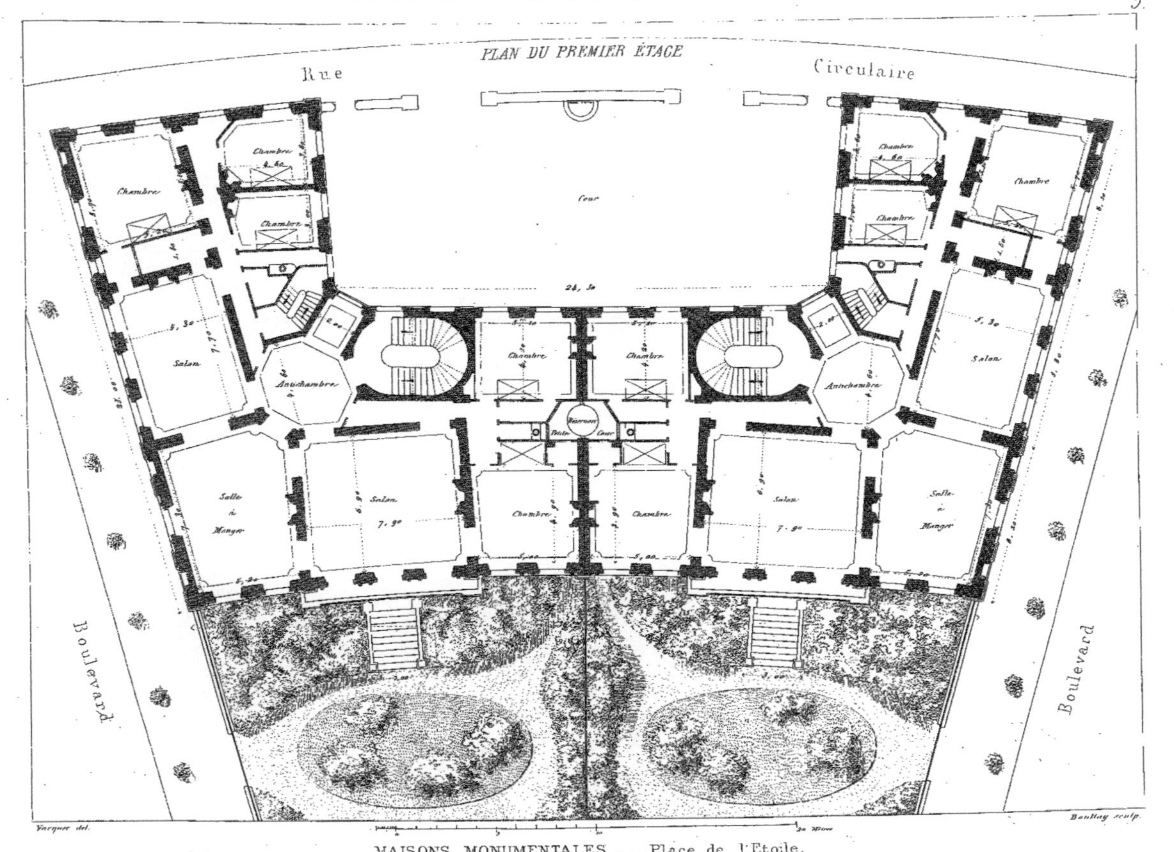

MAISONS MONUMENTALES, — Place de l'Etoile.
M. Rohault de Fleury, Architecte.

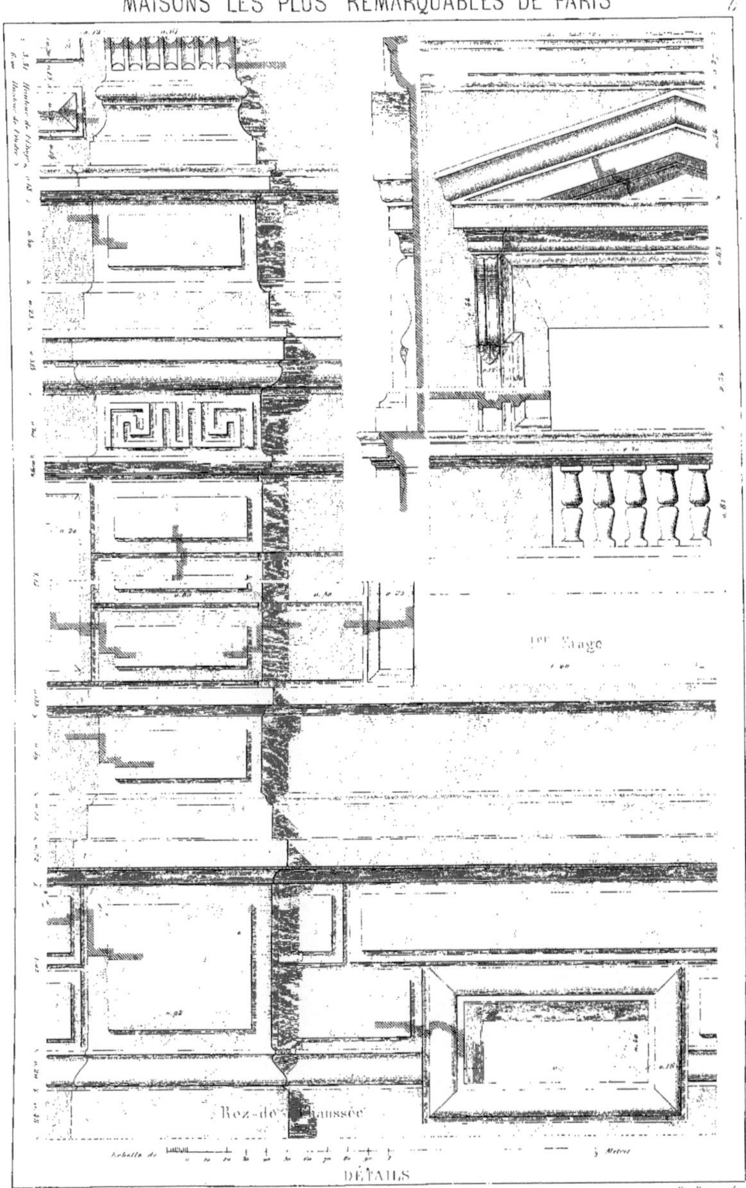

1er Étage
Rez-de-Chaussée
DÉTAILS
PLACE DE L'ÉTOILE

DÉTAILS
Second Étage et Entablement

MAISONS MONUMENTALES — PLACE DE L'ÉTOILE
M.M. Hittorff & Rohault de Fleury, Architectes

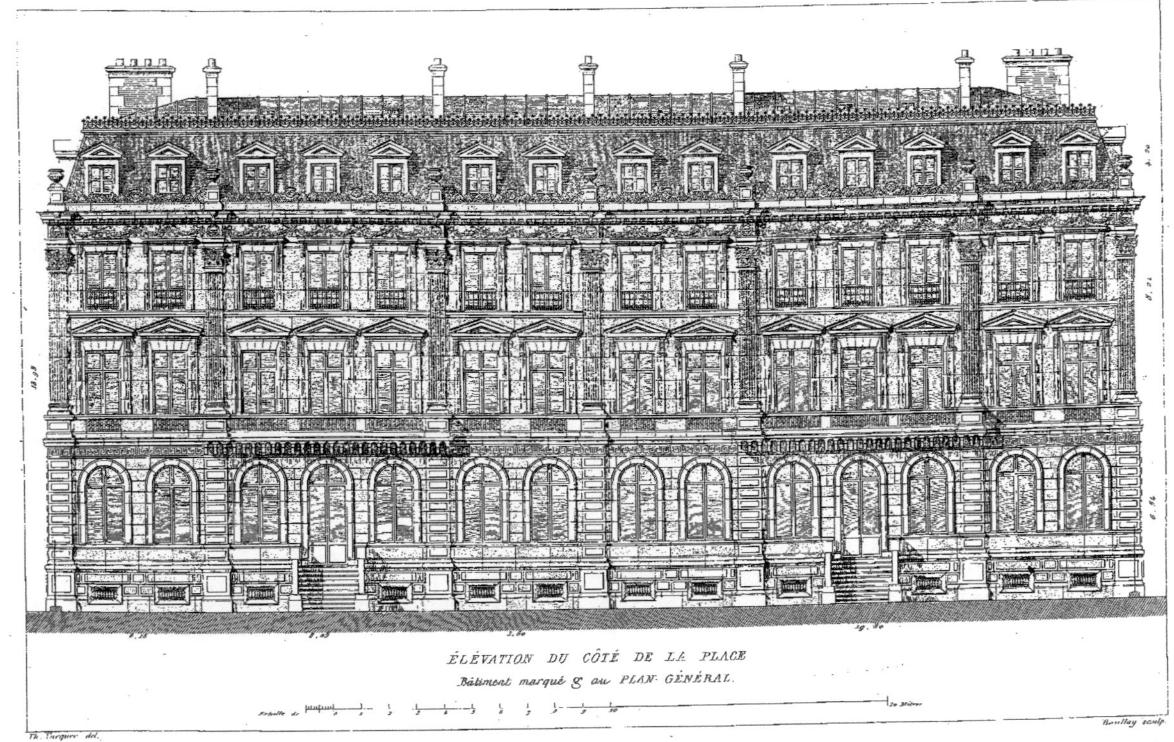

ÉLÉVATION DU CÔTÉ DE LA PLACE

Bâtiment marqué 8 au PLAN GÉNÉRAL.

MAISONS MONUMENTALES. — Place de l'Étoile.

MM. Hittorff et Rohault de Fleury, Architectes.

MAISONS MONUMENTALES — Place de l'Étoile

Elévation, *Côté du Rond Point*.

HOTEL, Rond Point des Champs-Elysées
M. Victor Lenoir, Architecte

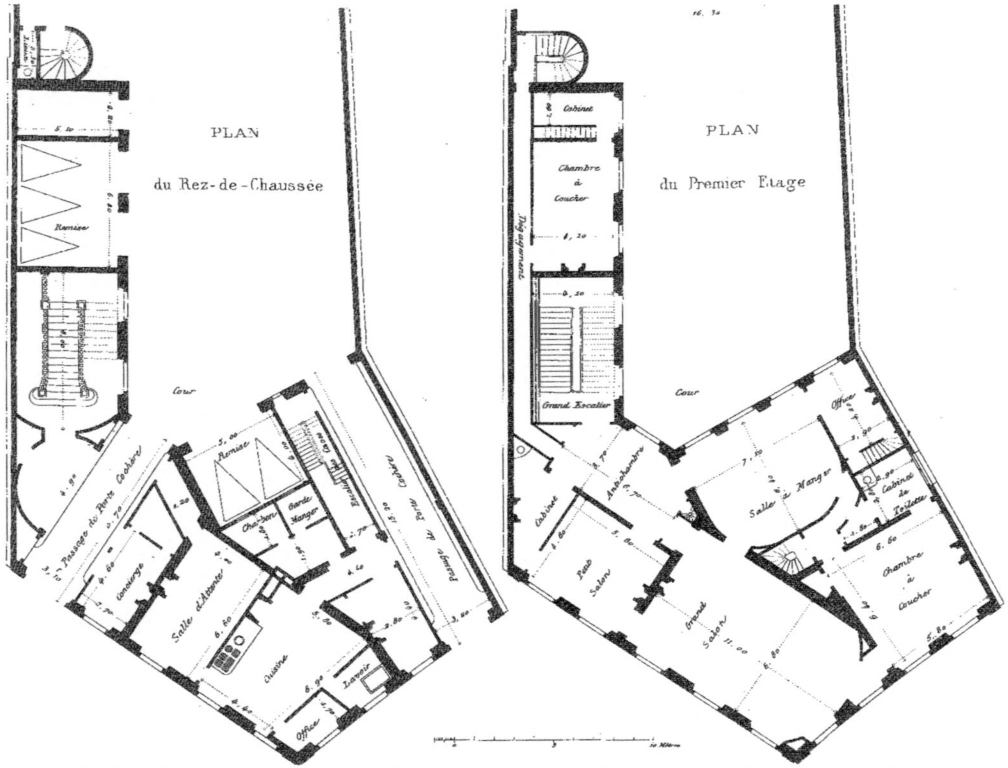

PLAN
du Rez-de-Chaussée

PLAN
du Premier Etage

HOTEL, Rond-Point des Champs Elysées, N°1.
M. Victor Lenoir.

G. Fayette del.

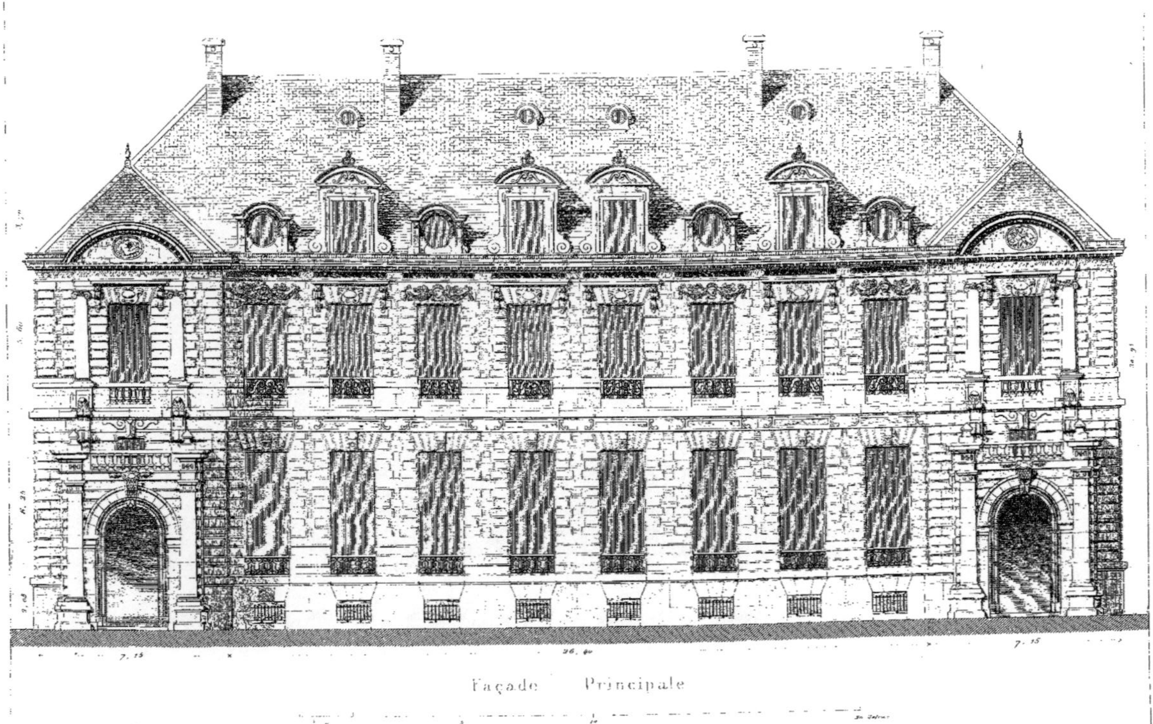

Façade Principale

HÔTEL, RUE DE BERRY, À PARIS,
par M. Henri Labrouste, Architecte

HÔTEL RUE DE BERRY, À PARIS.
par M. Henri Labrouste, Architecte

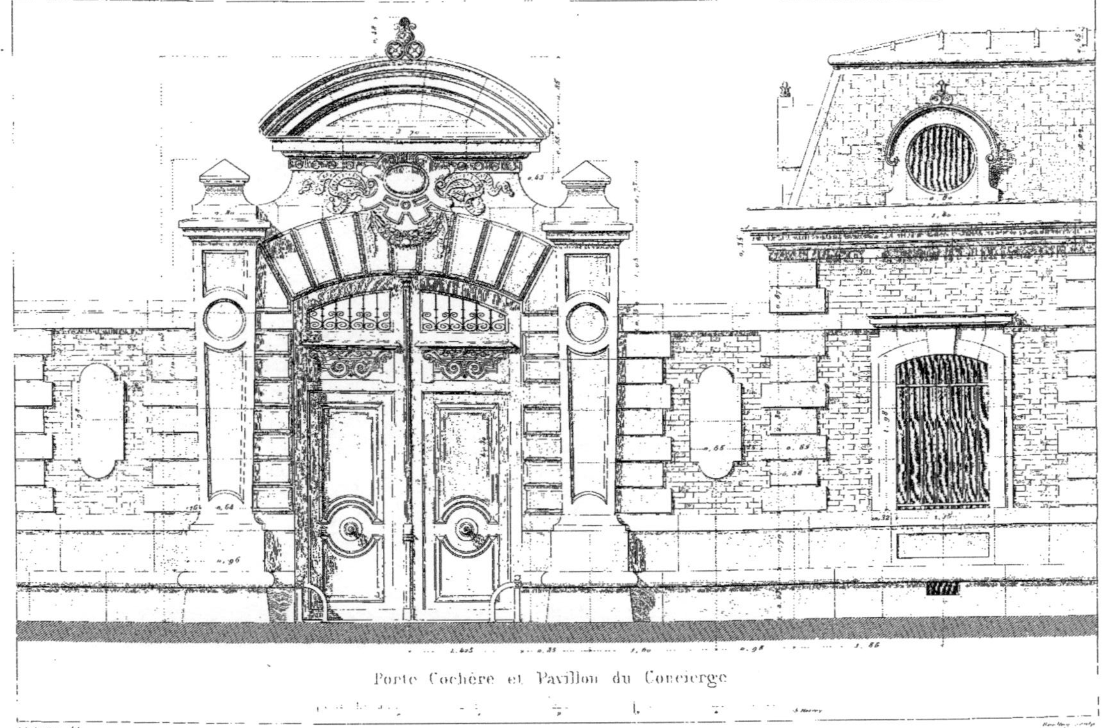

Porte Cochère et Pavillon du Concierge

HÔTEL RUE DE BERRY, A PARIS,

par M. Henri Labrouste, Architecte.

FACE PRINCIPALE. — Partie de l'Étage supérieur et du Comble

HÔTEL, RUE DE BERRY, A PARIS,
par M. Henri Labrouste, Architecte.

MAISONS LES PLUS REMARQUABLES DE PARIS

Maison, Boulevard Magenta.
M Sevestre, Architecte.

Rez-de-Chaussée

Premier Etage

Maison, Rue de Rennes
M. Delarue, Architecte.

Premier Etage

Maison, Avenue Villars.
M. Marcel, Architecte.

Rez-de-Chaussée

Premier Etage

Maison, Rue des Halles
M. Blondel, Architecte.

Rez-de-Chaussée

Premier Etage

MAISONS DE RAPPORT

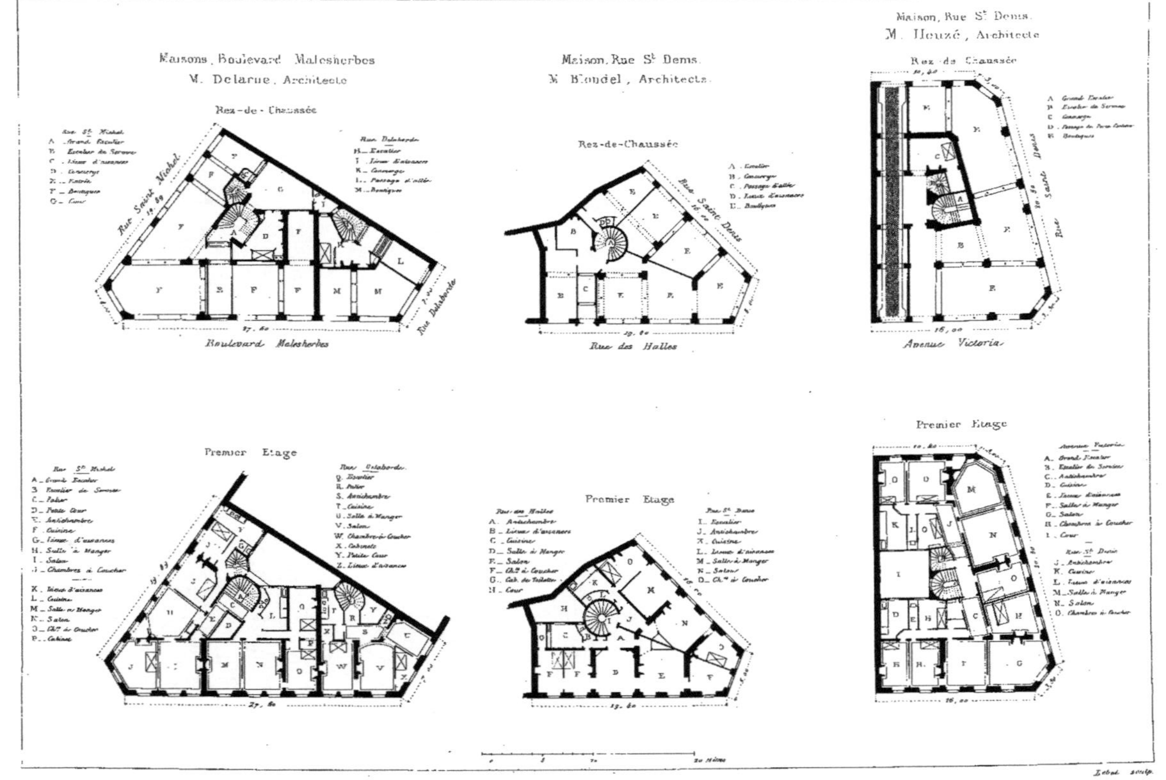
Maisons, Boulevard Malesherbes
M. Delarue, Architecte
Rez-de-Chaussée
Maison, Rue St Denis
M. Blondel, Architecte
Rez-de-Chaussée
Maison, Rue St Denis
M. Heuzé, Architecte
Rez-de-Chaussée
Premier Étage
Premier Étage
Premier Étage
Rue Saint Michel
Boulevard Malesherbes
Rue Delaborde
Rue Saint Denis
Rue des Halles
Rue Saint Denis
Avenue Victoria

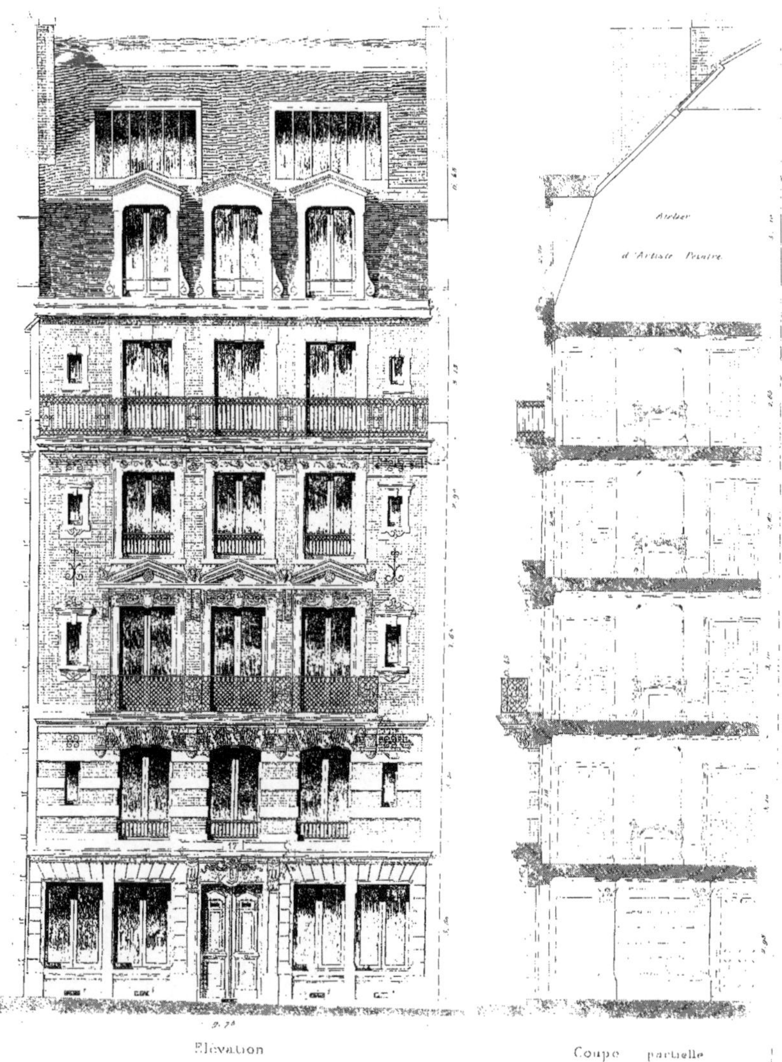

MAISON, Rue Duperré, Nº 17

M. Sibert, Architecte

19

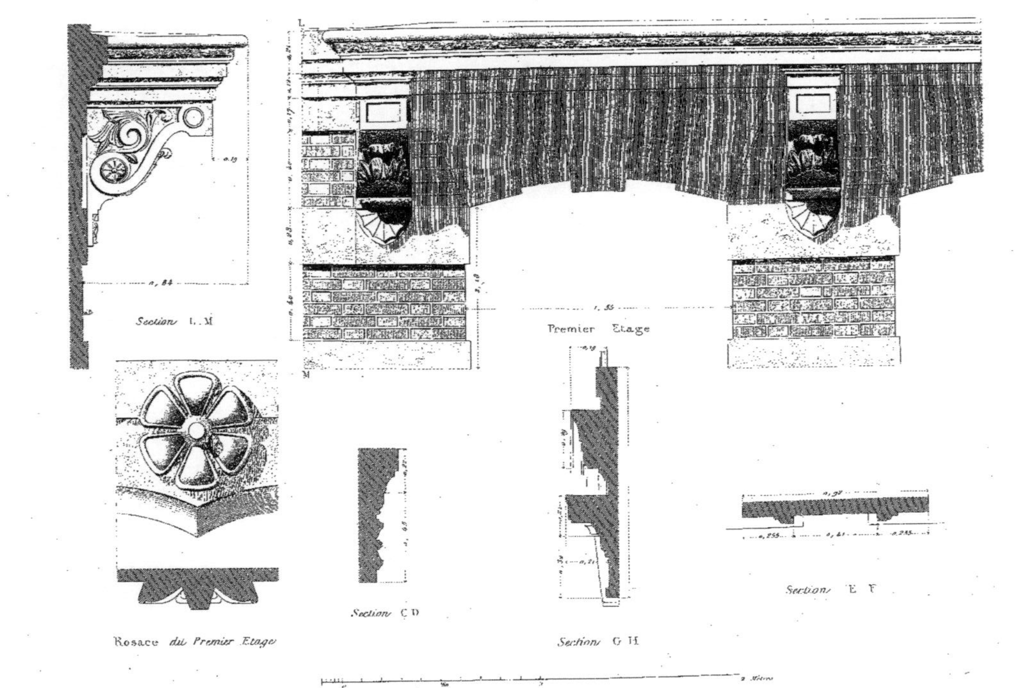

MAISON, Rue Duperré, N° 17.

M. Sibert, Architecte.

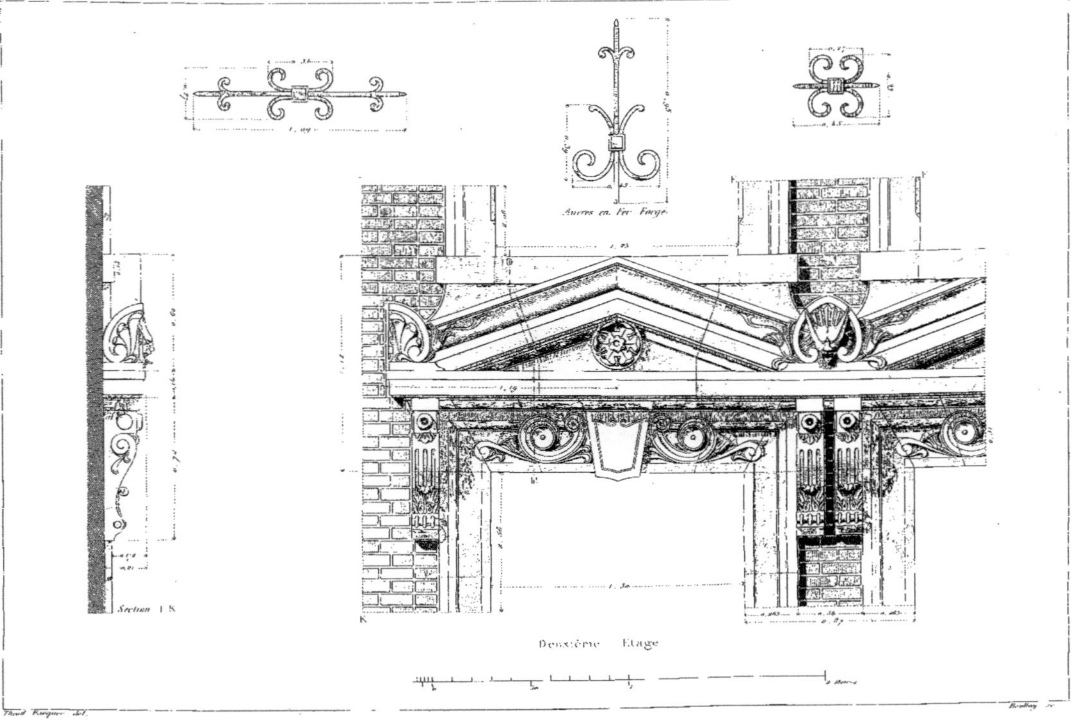

MAISON, Rue Duperré, N° 17.

M. Sibert, Architecte.

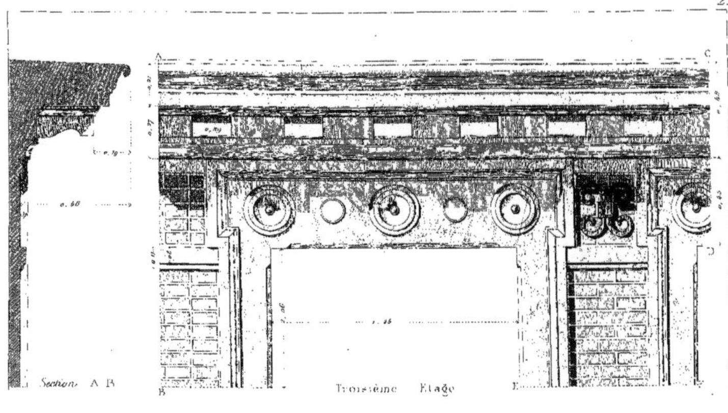

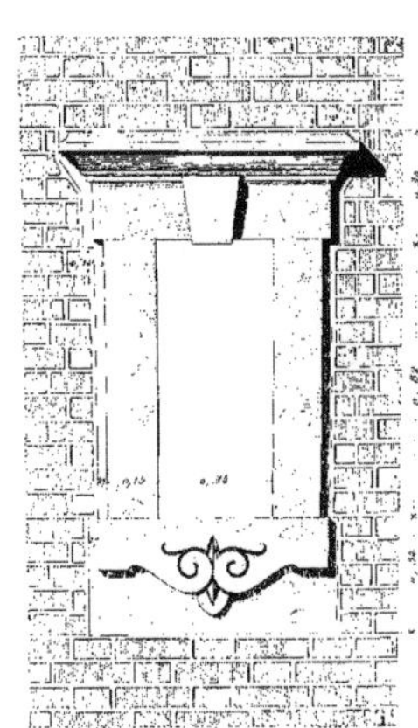

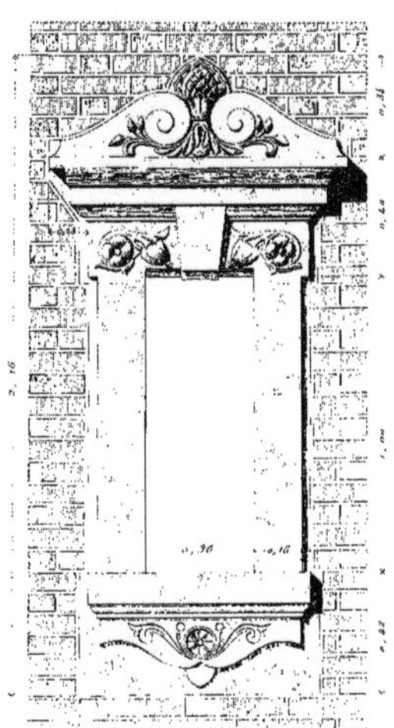

MAISON, Rue Duperré, N° 17.

M. Sibert, Architecte.

Élevation

MAISON, Boulevard Sébastopol, 3.D. N° 2

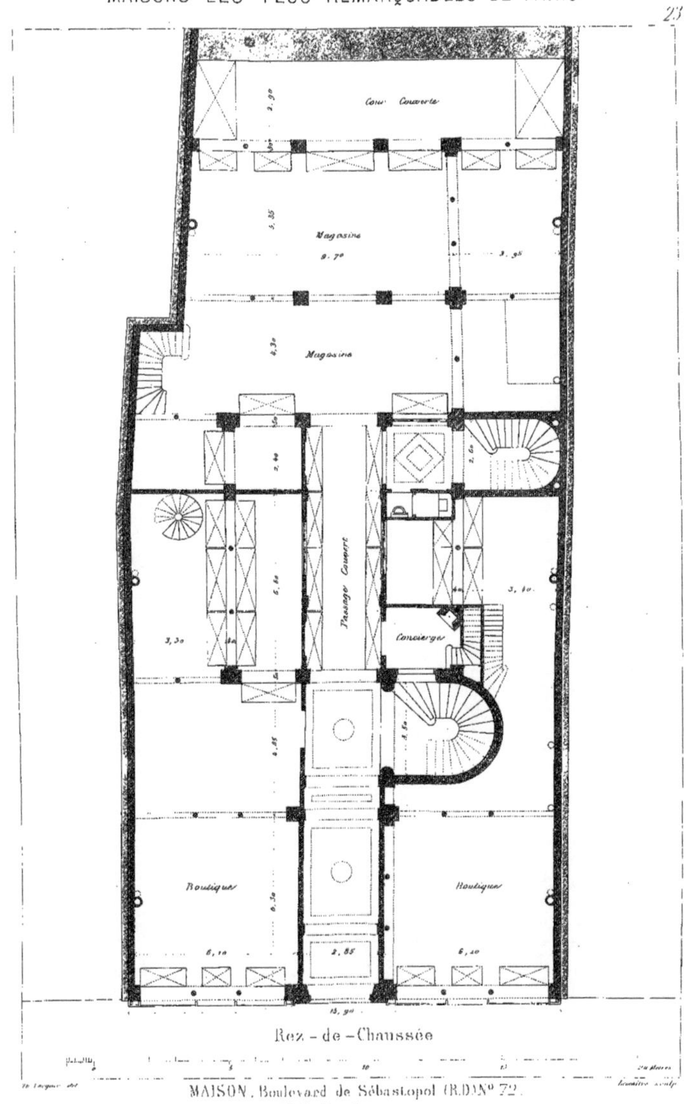

MAISON, Boulevard de Sébastopol (R.D) N° 72.
M. Rolland Architecte.

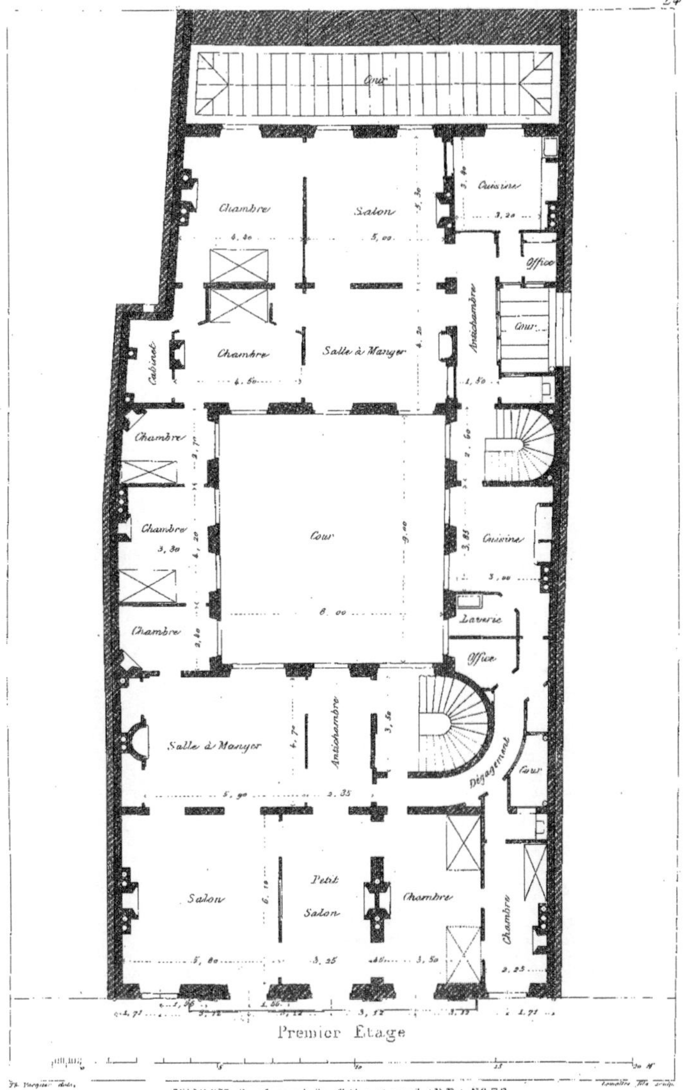

Premier Étage

MAISON, Boulevard de Sébastopol (R.D.) Nº 72
M. Rolland, Architecte

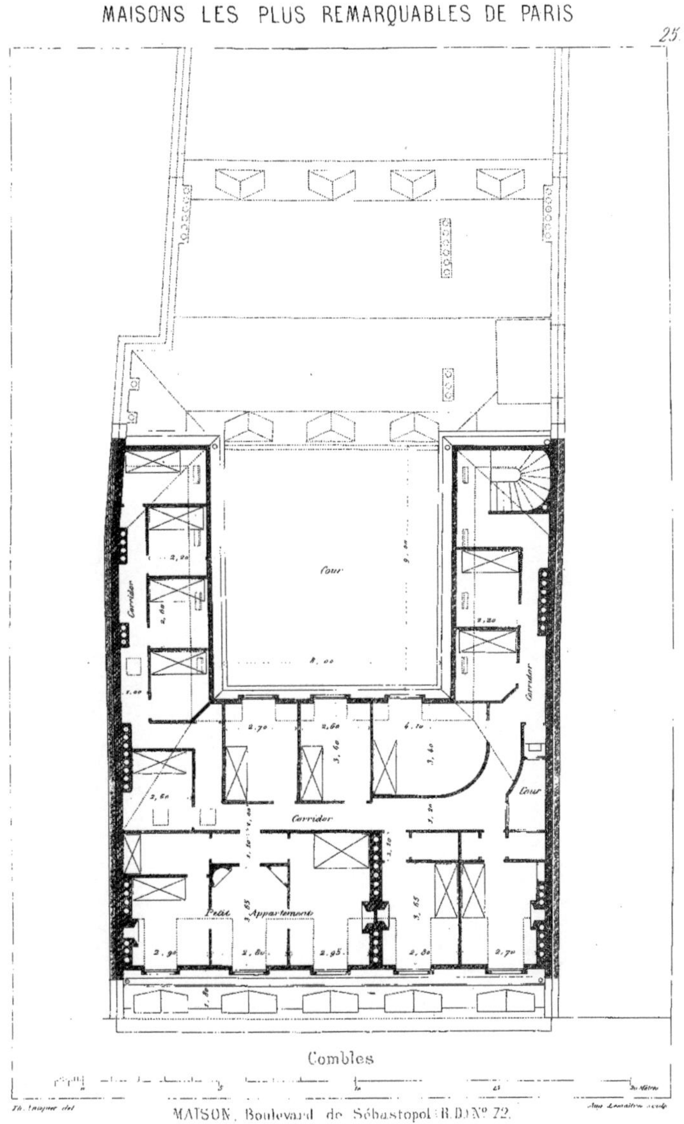

MAISON, Boulevard de Sébastopol. B.D. Nº 72.
M. Rolland, Architecte.

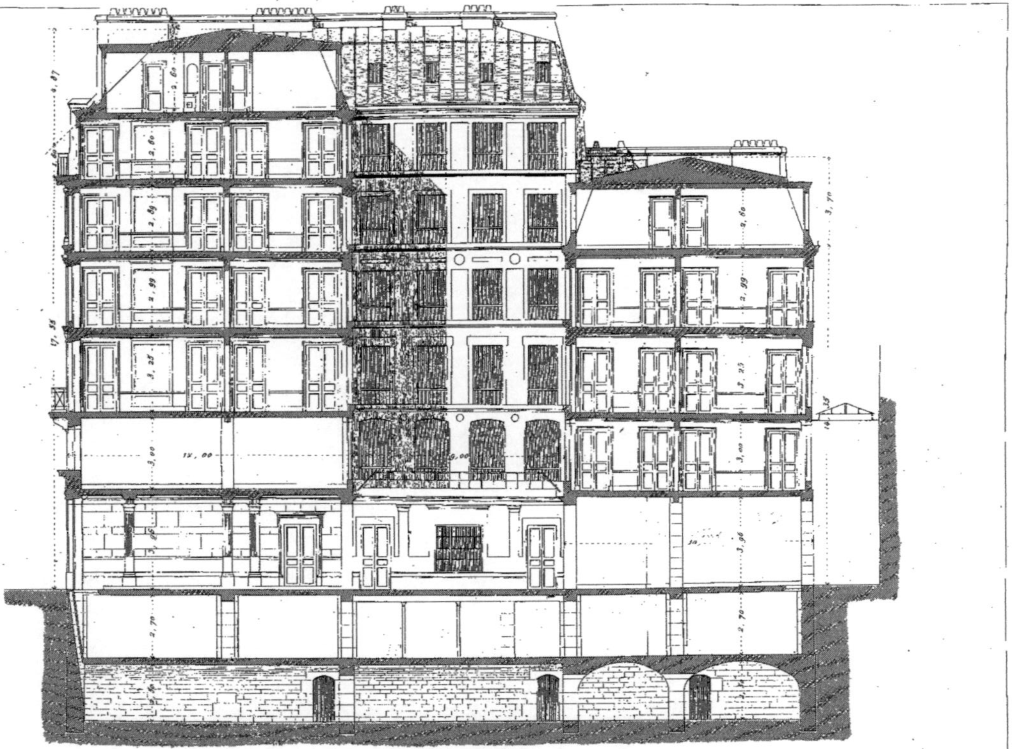

Coupe longitudinale

Ph. Vaquer del.

E. Lobel sculp.

MAISON, Boulevard de Sébastopol, (R.D.) N°72

M. Rolland, Architecte.

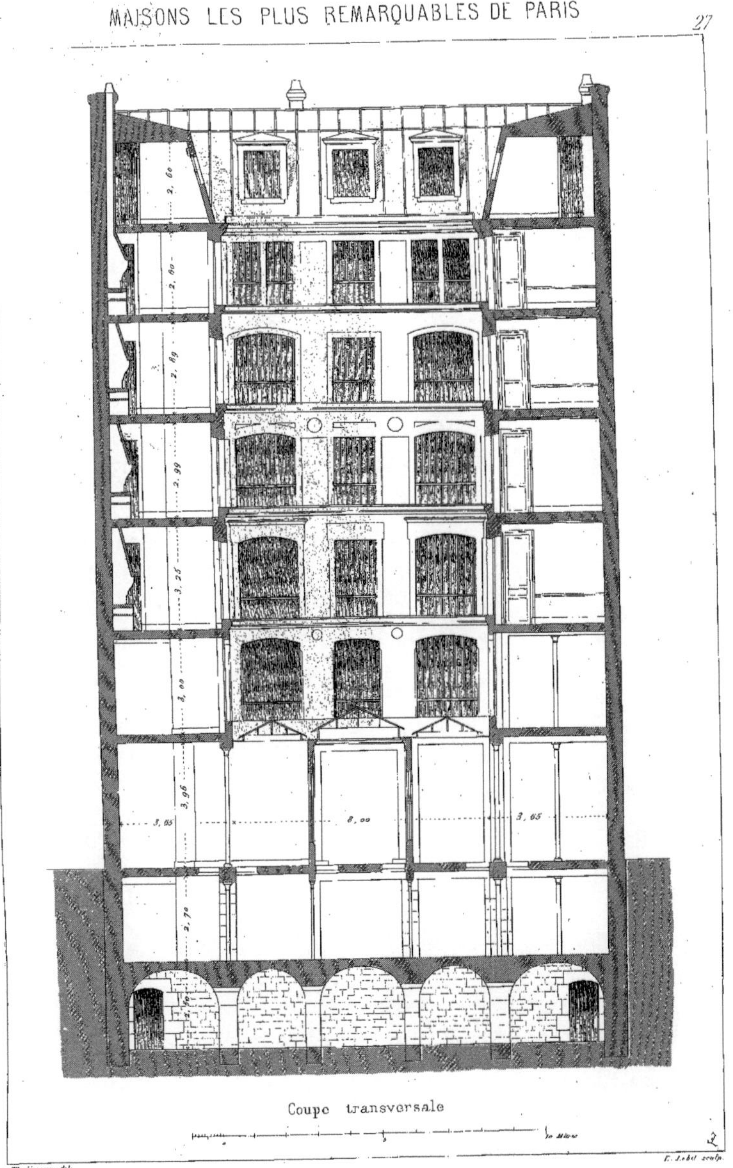

Th. Jacquot del.

E. Lobel sculp.

MAISON, Boulevard de Sébastopol (R.D.) Nº 72.

M. Rolland, Architecte.

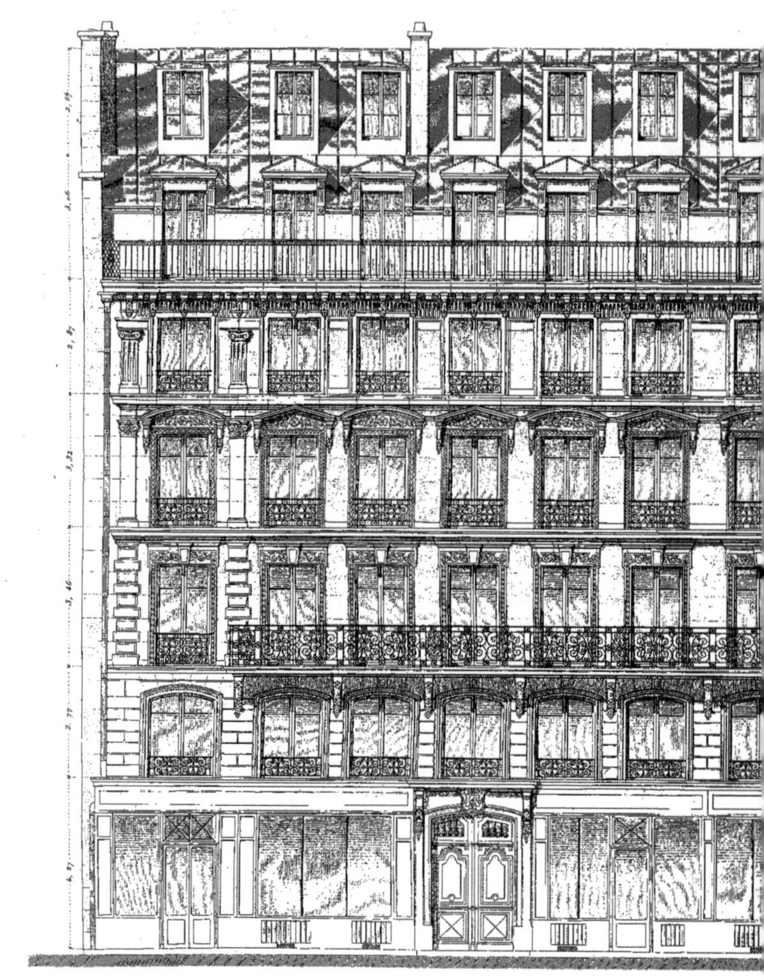

Élévation sur le Boulevard

Thèod. Vacquer del.

MAISON, Boulevard ε
M. Léon Riv

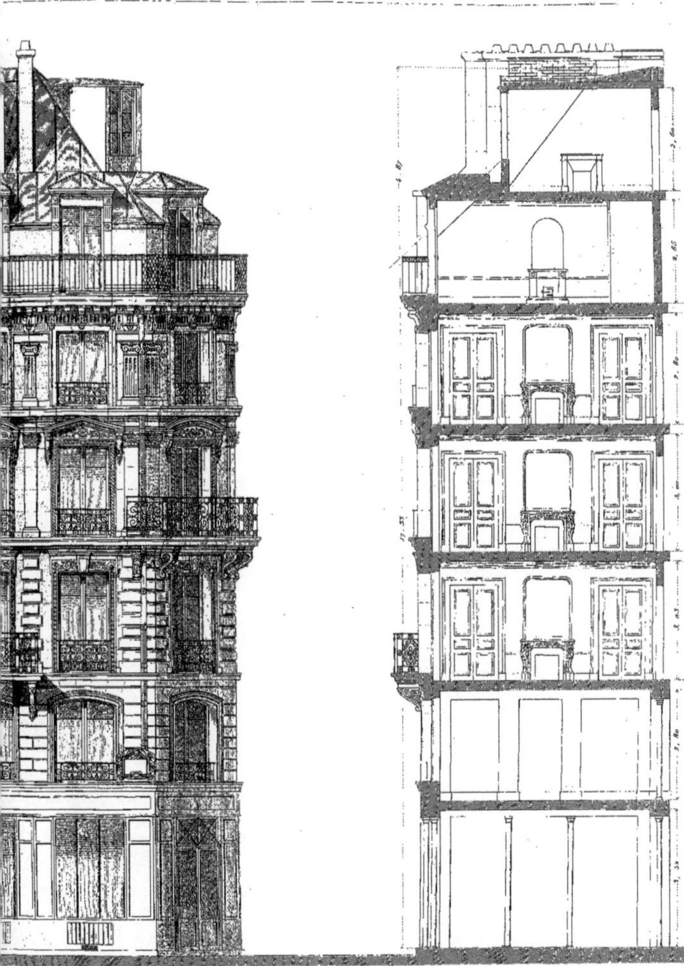

Sébastopol, (R.D.) Nº 4
...re, Architecte

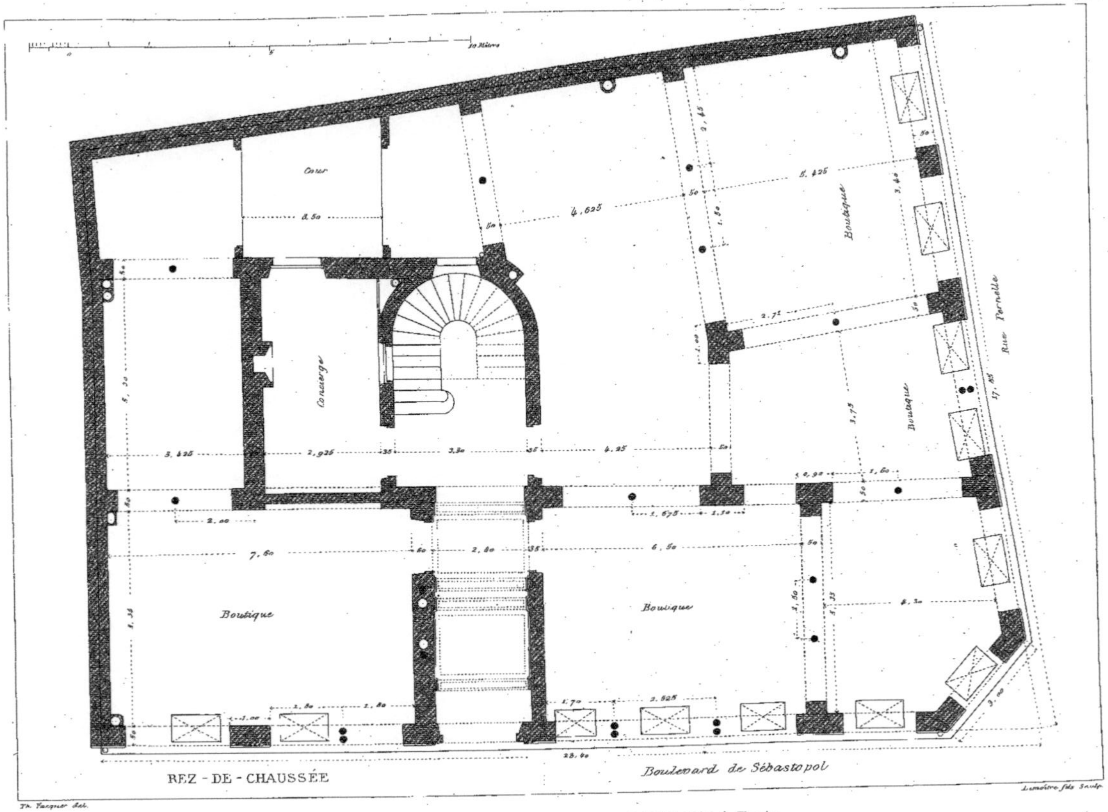

MAISON, Boulevard de Sébastopol (R.D.) N°4, à Paris.

M. Léon Rivière, Architecte.

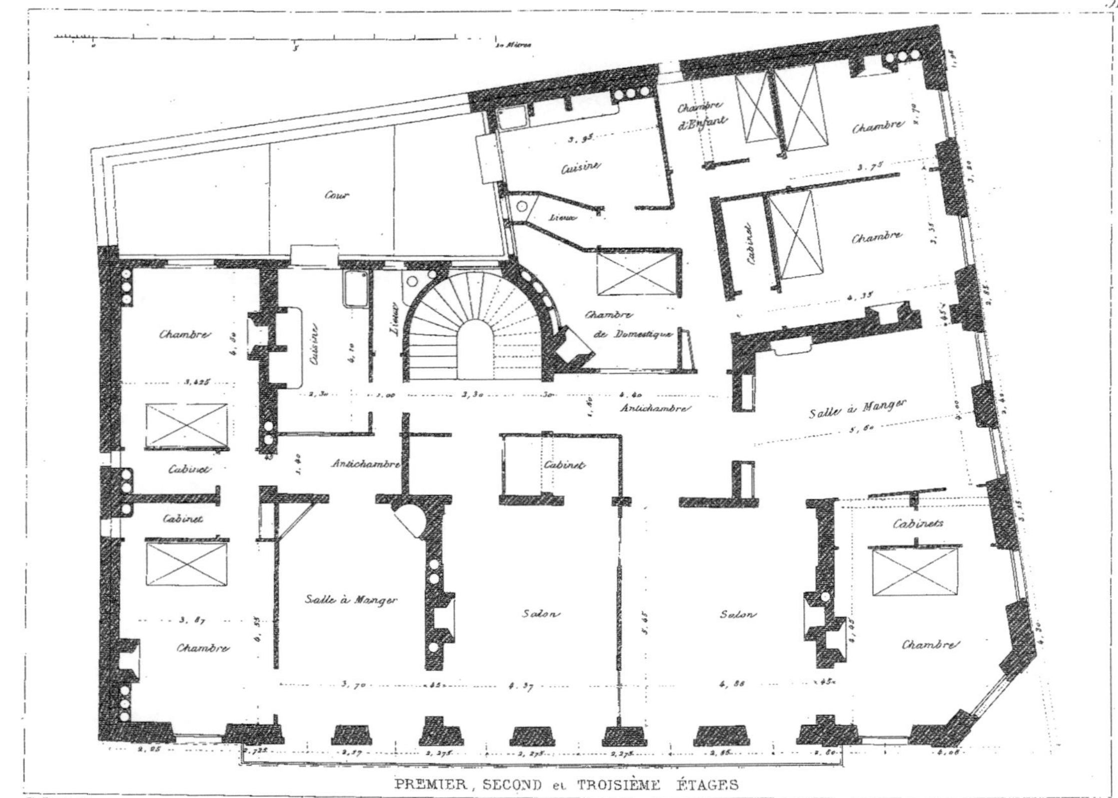

PREMIER, SECOND et TROISIÈME ÉTAGES

MAISON, Boulevard de Sébastopol, (RD), N° 4, à Paris.

M. Léon Rivière, Architecte.

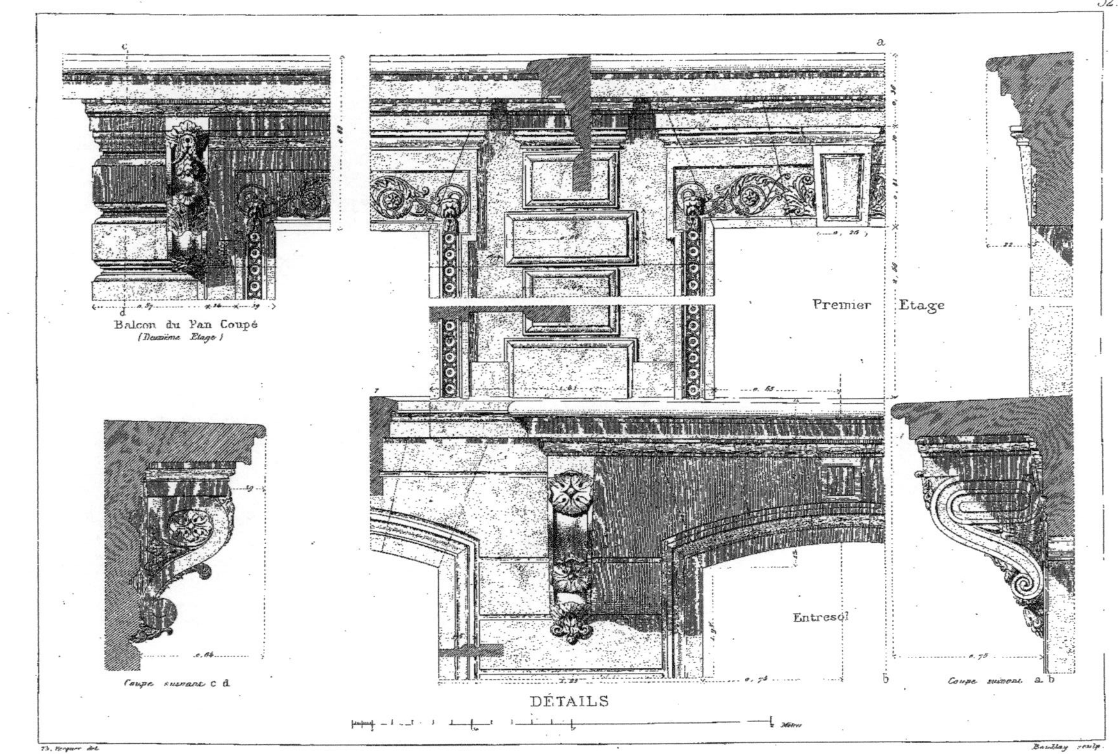

MAISON, Boulevard de Sébastopol, (R.D.) N° 4.

M. Léon Rivière, Architecte.

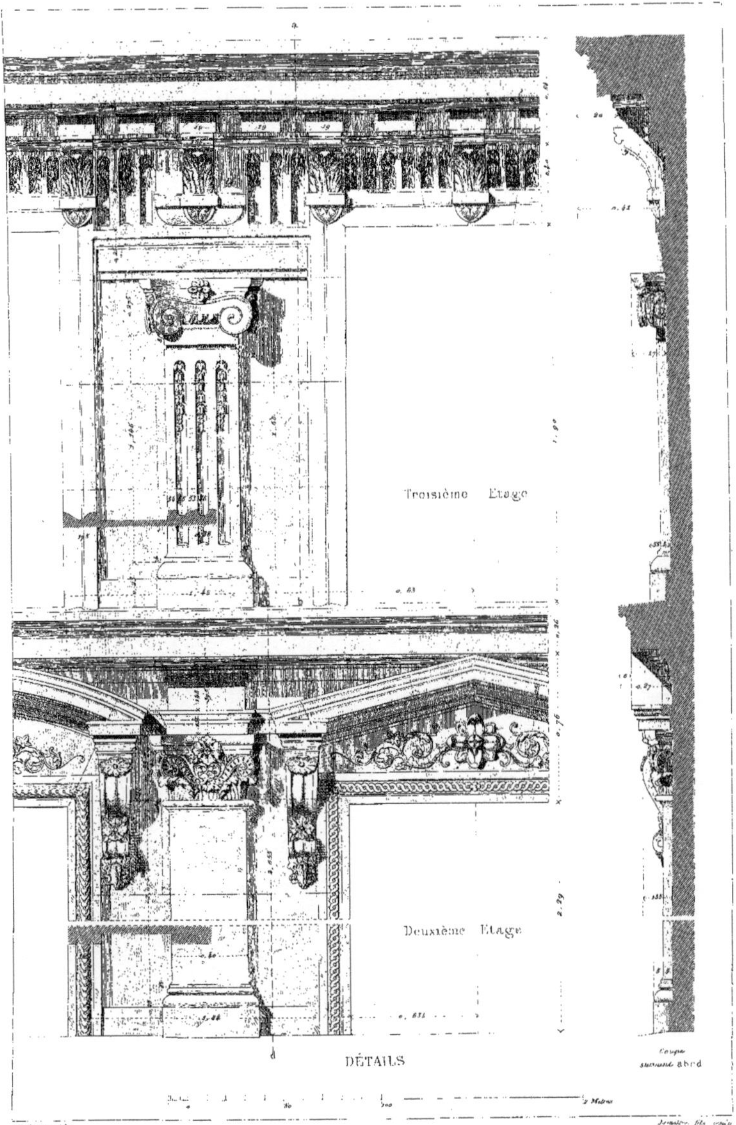

MAISON, Boulevard de Sébastopol, (R.D.) N° 4.
M. Léon Rivière, Architecte.

MAISON, Rue de la Chaussée d'Antin, N° 21
M. Paul Mesnard, Architecte.

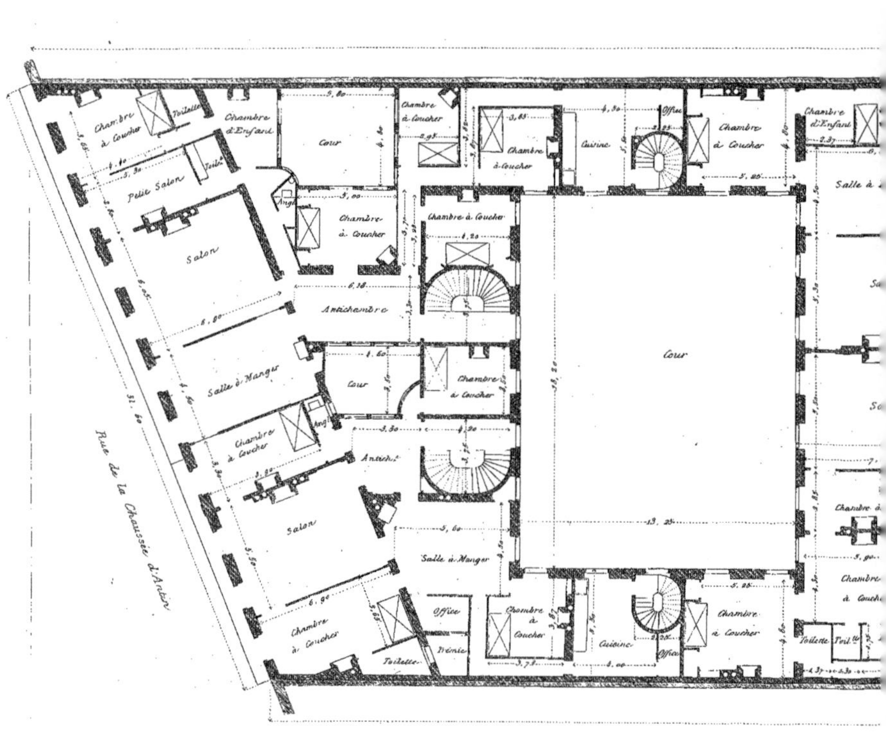

PLAN ,

MAISON , Rue de
M Paul

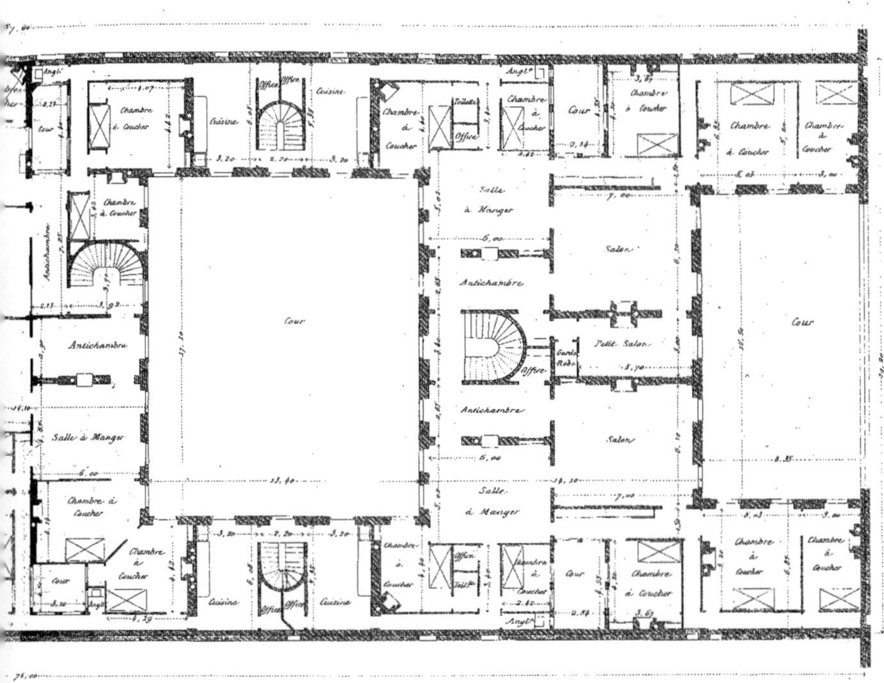

Premier Étage

Chaussée d'Antin, N° 21
...nard, Architecte

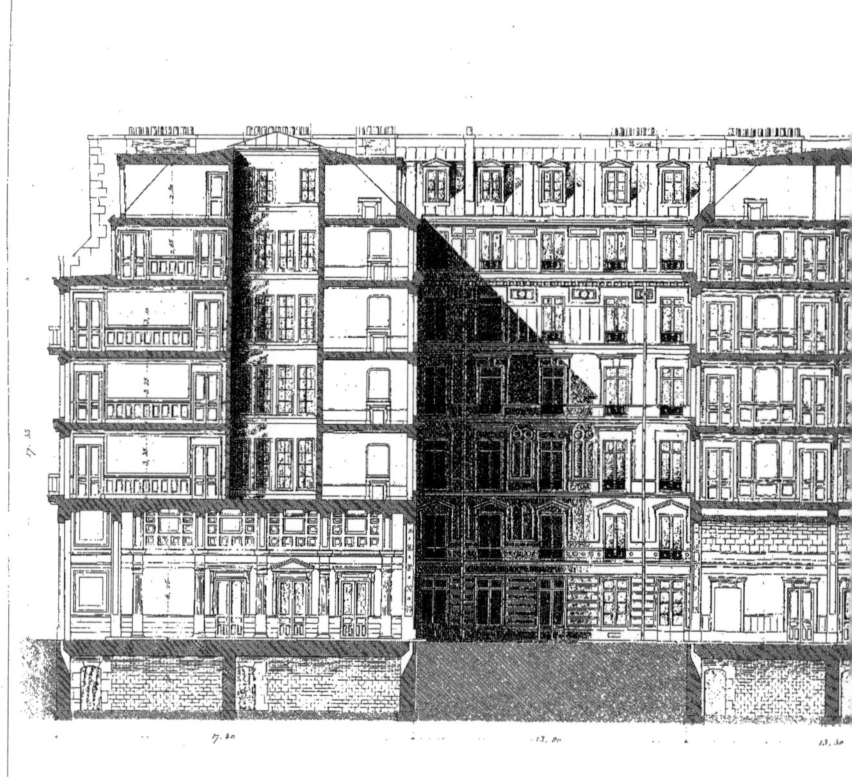

Coupe

MAISON, Rue de l
M. Paul M

Chaussée d'Antin, N.º 21

...ard, Architecte.

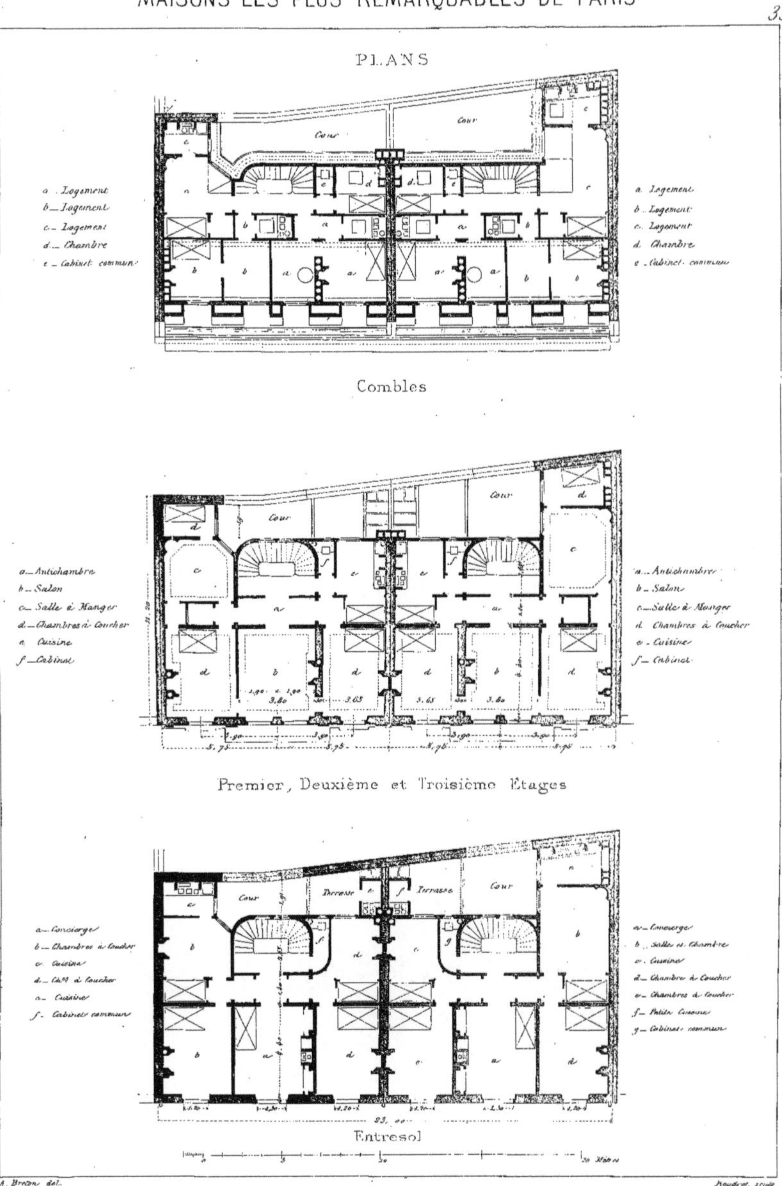

MAISONS, Rue Ste Placide prolongée, Nos 36 et 38

M. Daviond, Architecte

ÉLÉVATION

MAISONS, Rue Sainte Placide. Nᵒˢ 36 et 38.
M. Davioud, Architecte.

MAISON, Rue St Placide, N° 38.
M. Davioud, Architecte.

MAISON, Rue Ste Placide, No 36
M. Davioud, Architecte.

43.

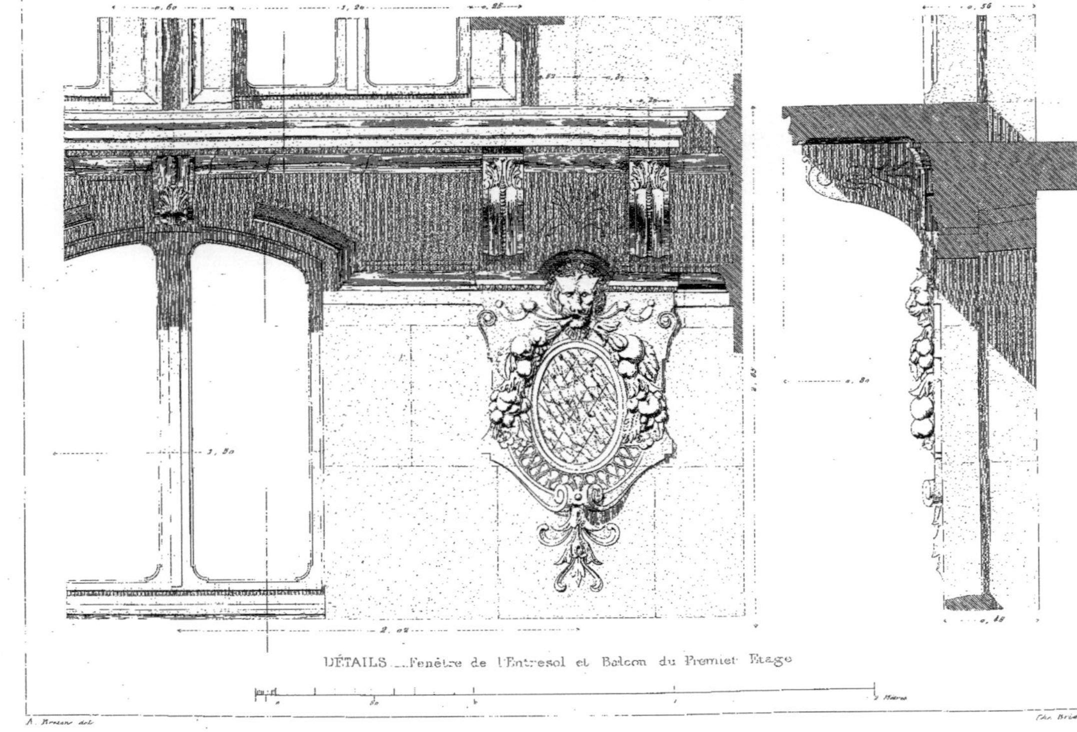

DÉTAILS — Fenêtre de l'Entresol et Balcon du Premier Étage

MAISONS Rue Sainte-Placide 36 et 38.

M. Davioud, Architecte.

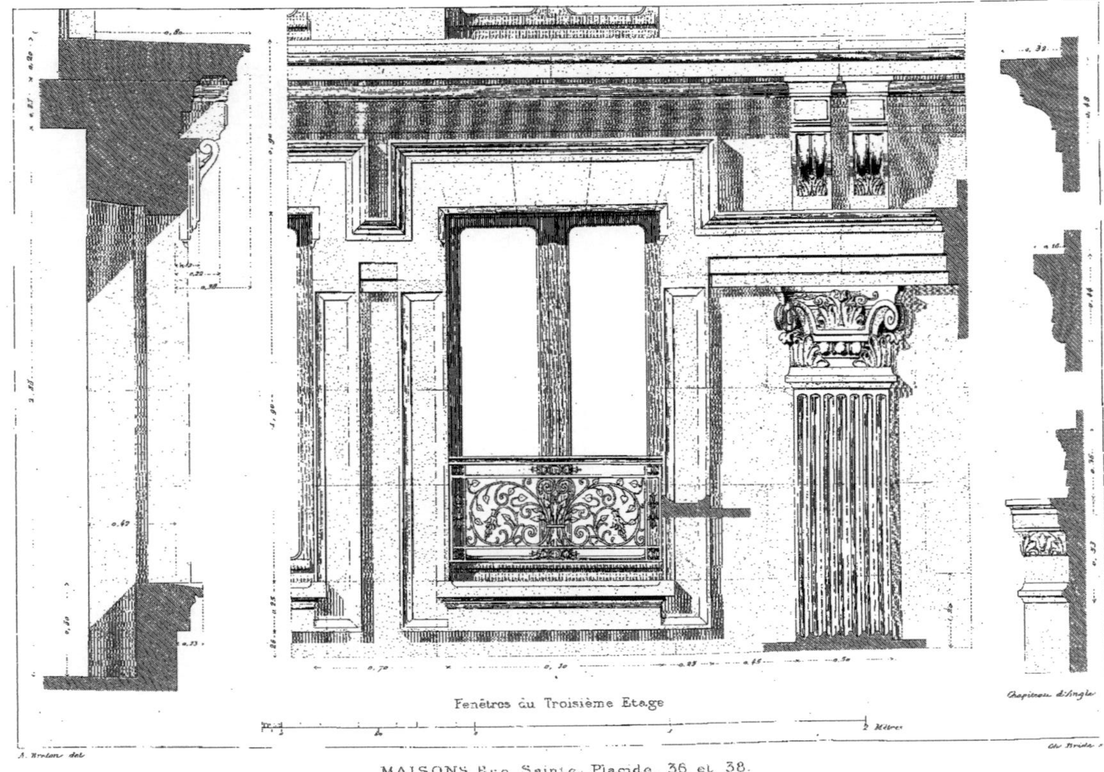

MAISONS, Rue Sainte-Placide, 36 et 38.

M. Davioud, Architecte.

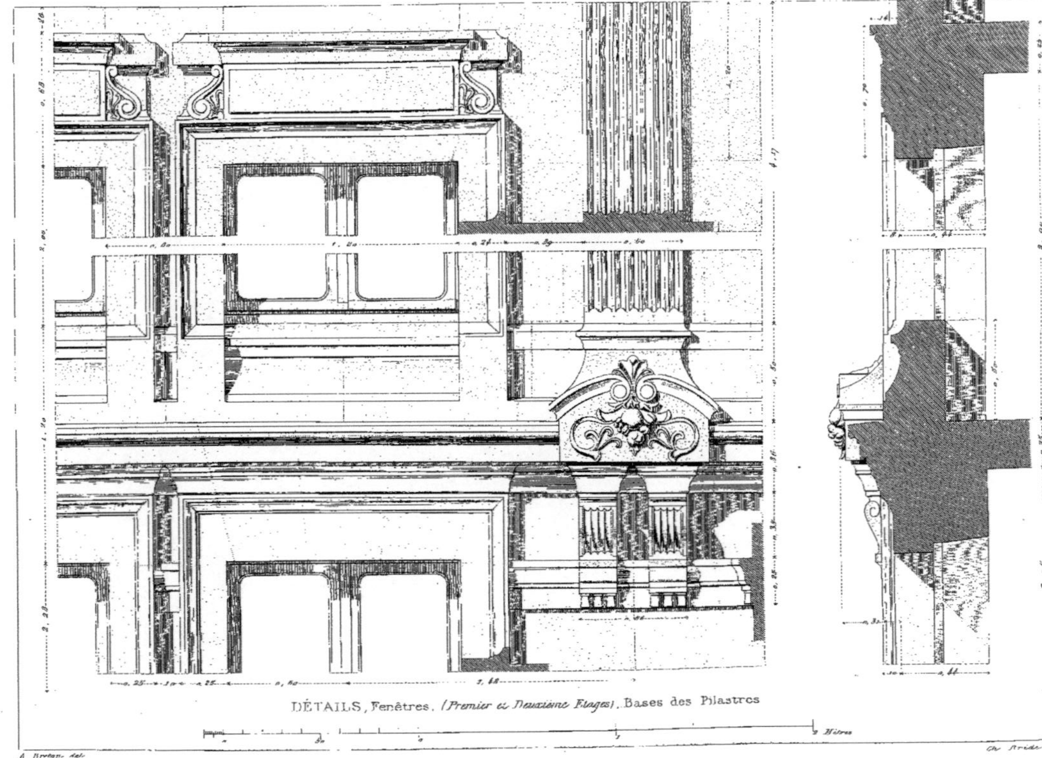

DÉTAILS, Fenêtres. (Premier et Deuxième Étages). Bases des Pilastres

MAISONS, Rue Sainte-Placide, Nᵒˢ 36 et 38.

M. Davioud, Architecte.

PLAN GÉNÉRAL AU PREMIER ÉTAGE.

MAISONS, Boulevard du Prince Eugène, Place du Prince Eugène et Boulevard d'Austerlitz
M. Brouilhony, Architecte.

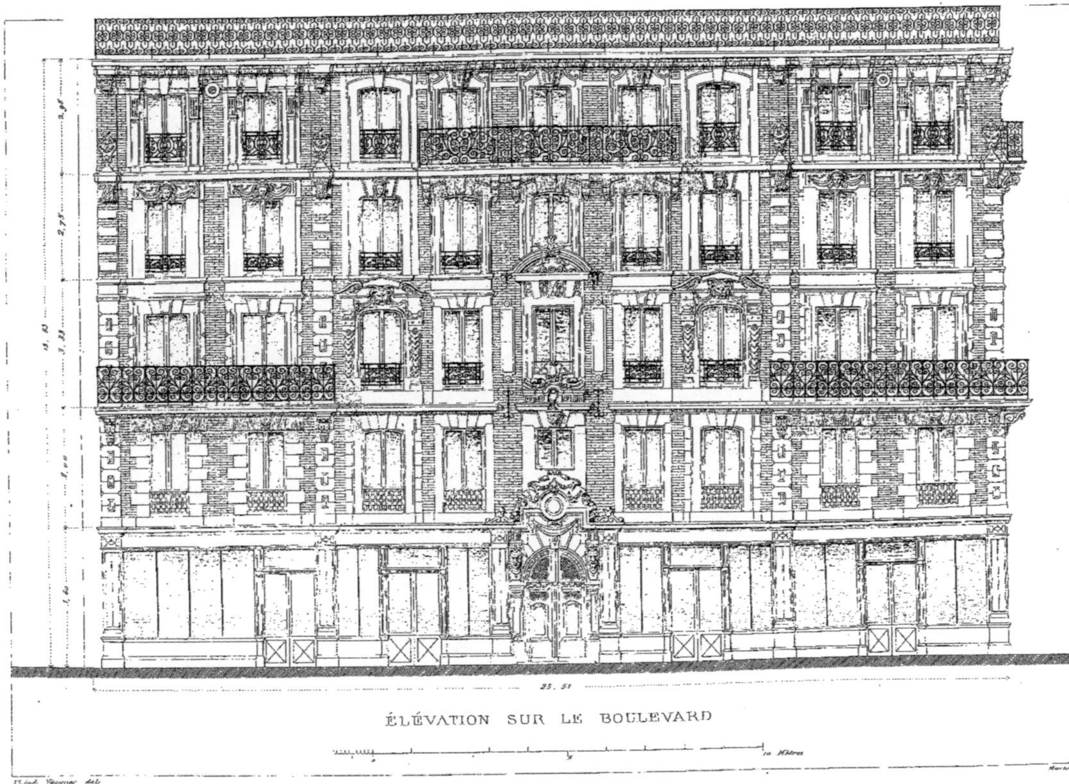

ÉLÉVATION SUR LE BOULEVARD

MAISON, Boulevard du Prince Eugène

M. Brouilhony, Architecte.

MAISON, Boulevard du Prince Eugène.
M. Brouilhony, Architecte.

MOTIF CENTRAL, Premier et Deuxième Étages

MAISON, Place du Prince Eugène

M. Brouilhony, Architecte

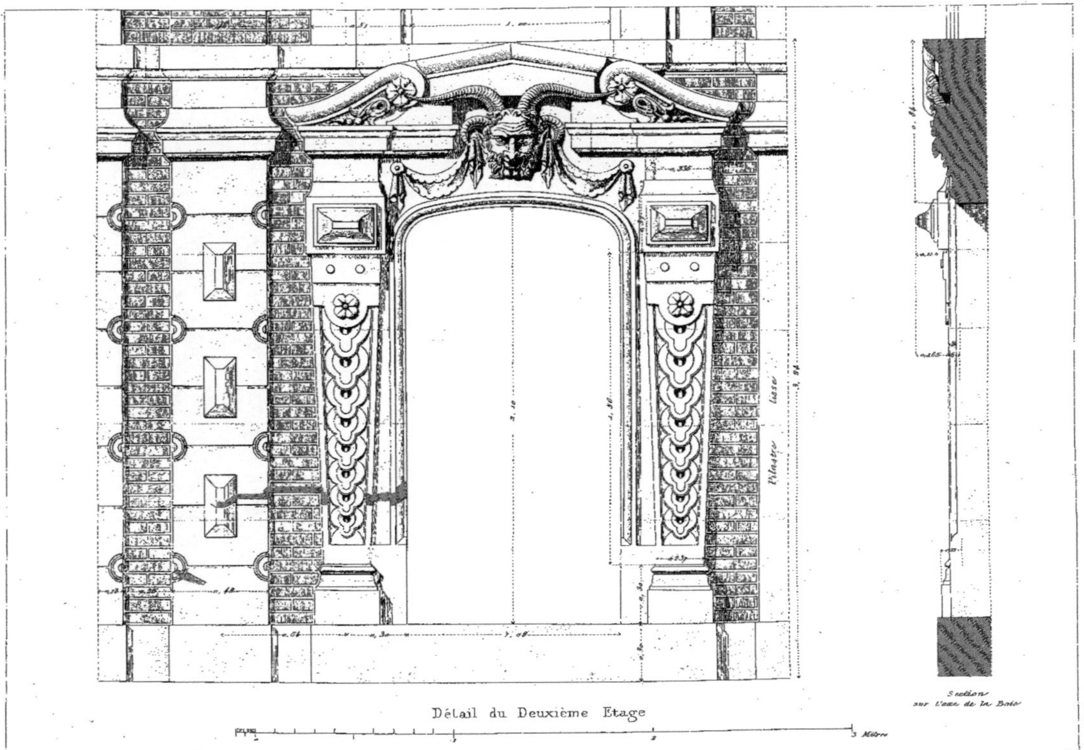

Détail du Deuxième Etage

Théod. Vacquer del.

Huriot sculp.

MAISON, Boulevard du Prince Eugène.

M. Brouilhony, Architecte.

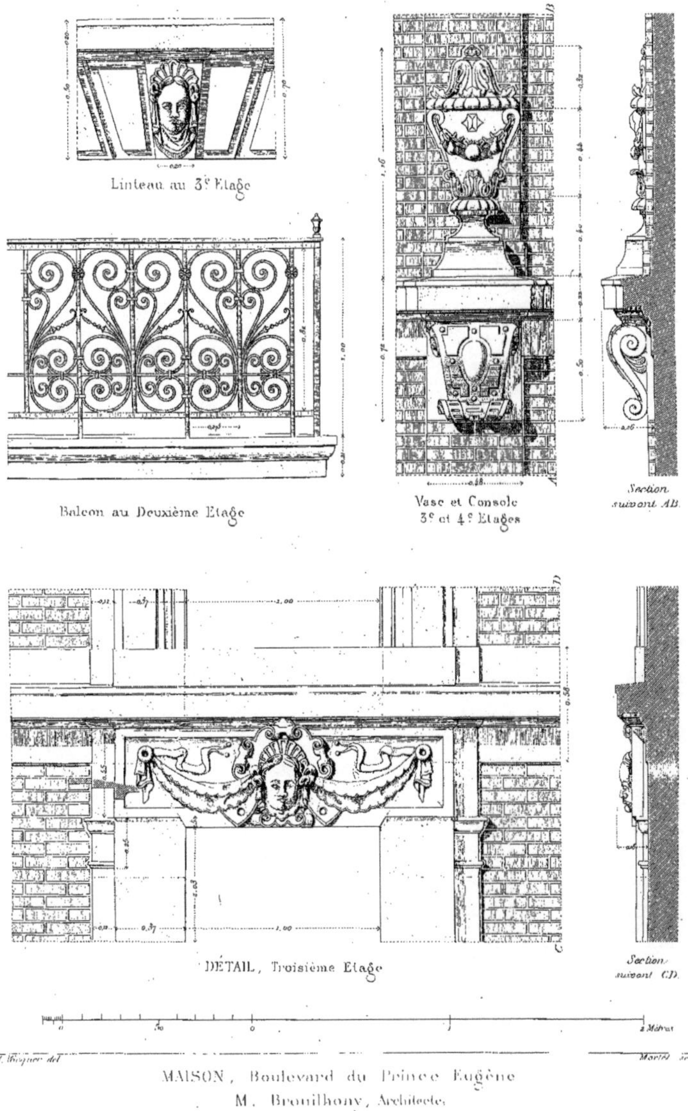

Linteau au 3e Etage
Balcon au Deuxième Etage
Vase et Console 3e et 4e Etages
Section suivant AB
DÉTAIL, Troisième Etage
Section suivant CD
2 Mètres

Théod. Wagner del.

Morlot sculp.

MAISON, Boulevard du Prince Eugène

M. Brouilhony, Architecte.

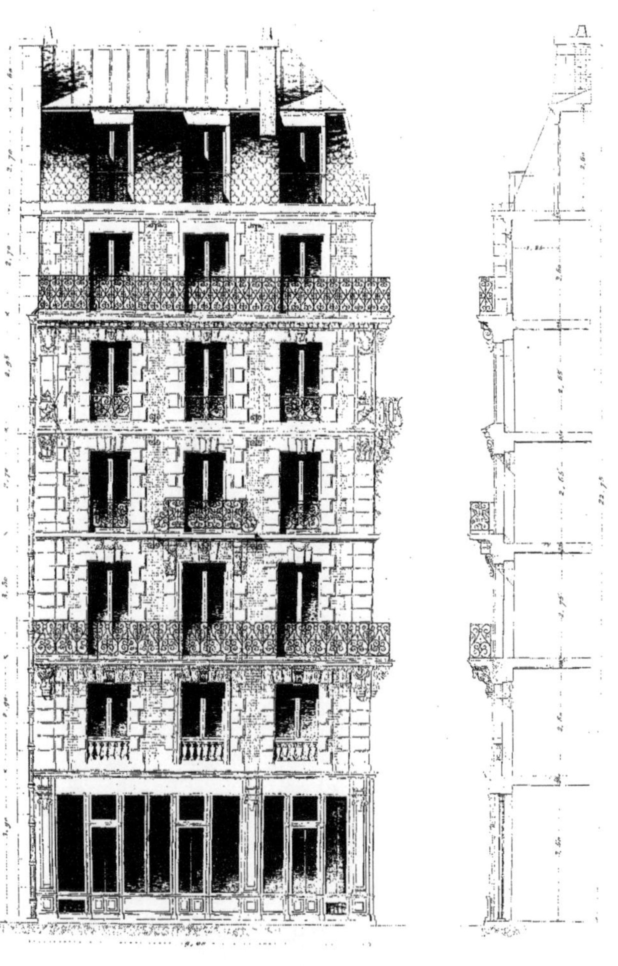

Élévation sur la Place

MAISON, Place du Prince Eugène.
M. Brouilhony, Architecte.

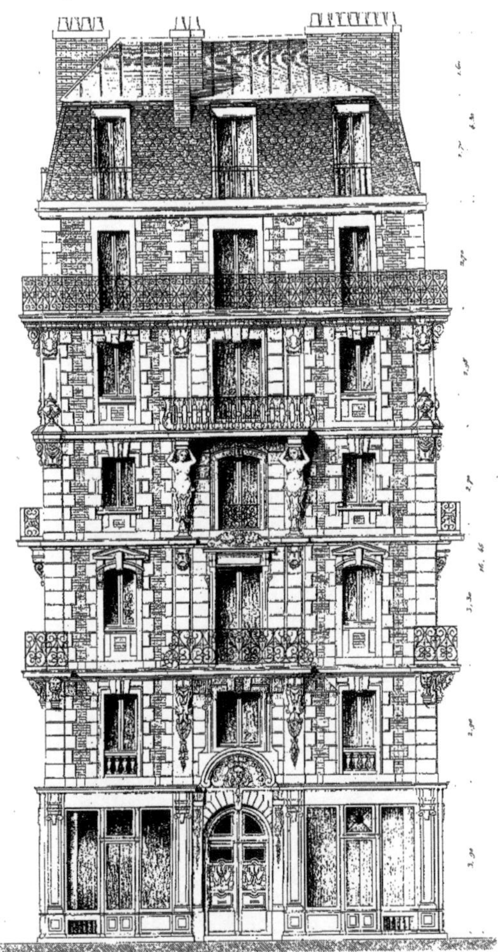

Façade sur le pan coupé

MAISON, Place du Prince Eugène
M. Brouilhony, Architecte.

MAISON, Place du Prince Eugène.

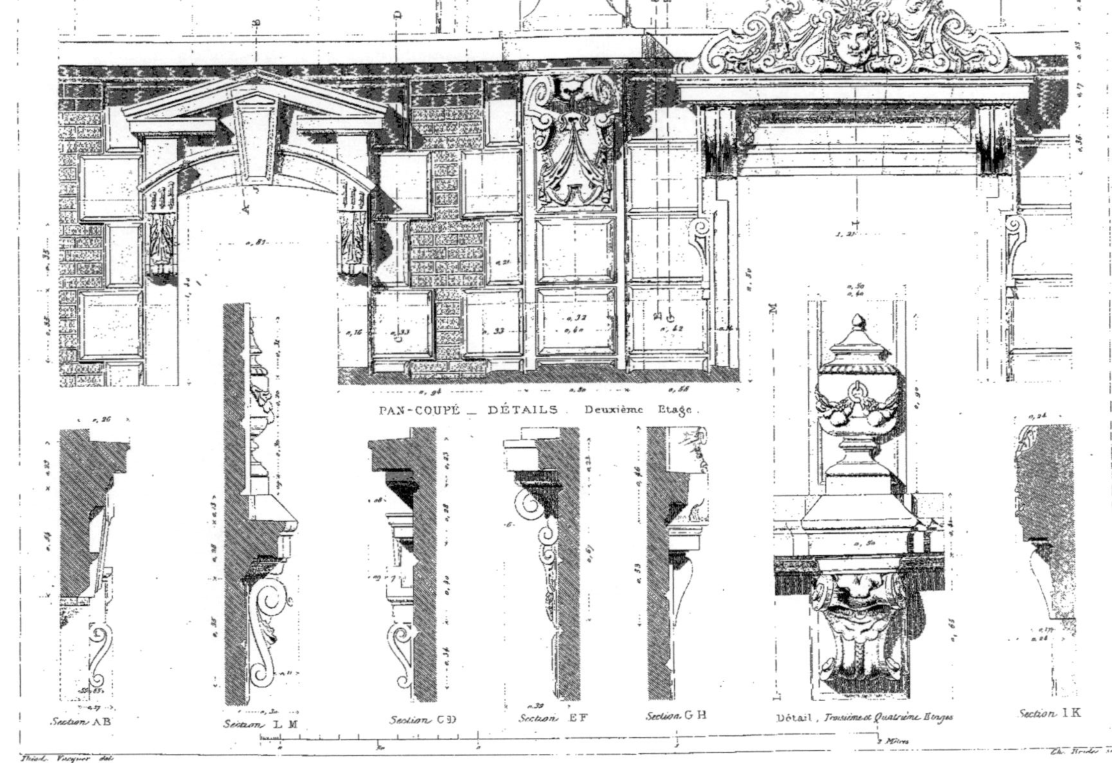

MAISON , Place du Prince Eugène et Boulevard d'Austerlitz.
M. Brouilhory , Architecte.

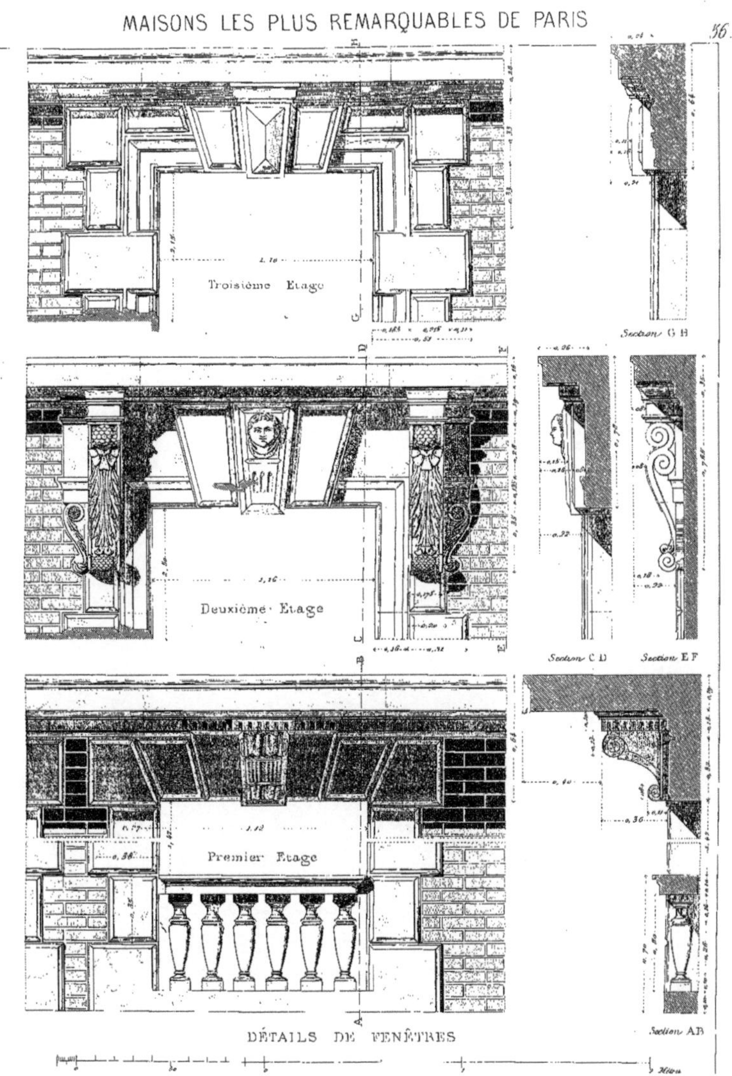

DÉTAILS DE FENÊTRES

MAISON, Place du Prince Eugène
M. Bronilhony, Architecte

MAISON, Boulevard du Prince Eugène
M. Brouilhony, Architecte

PORTE

MAISON, Boulevard du Prince Eugène

M. Broualhony, Architecte

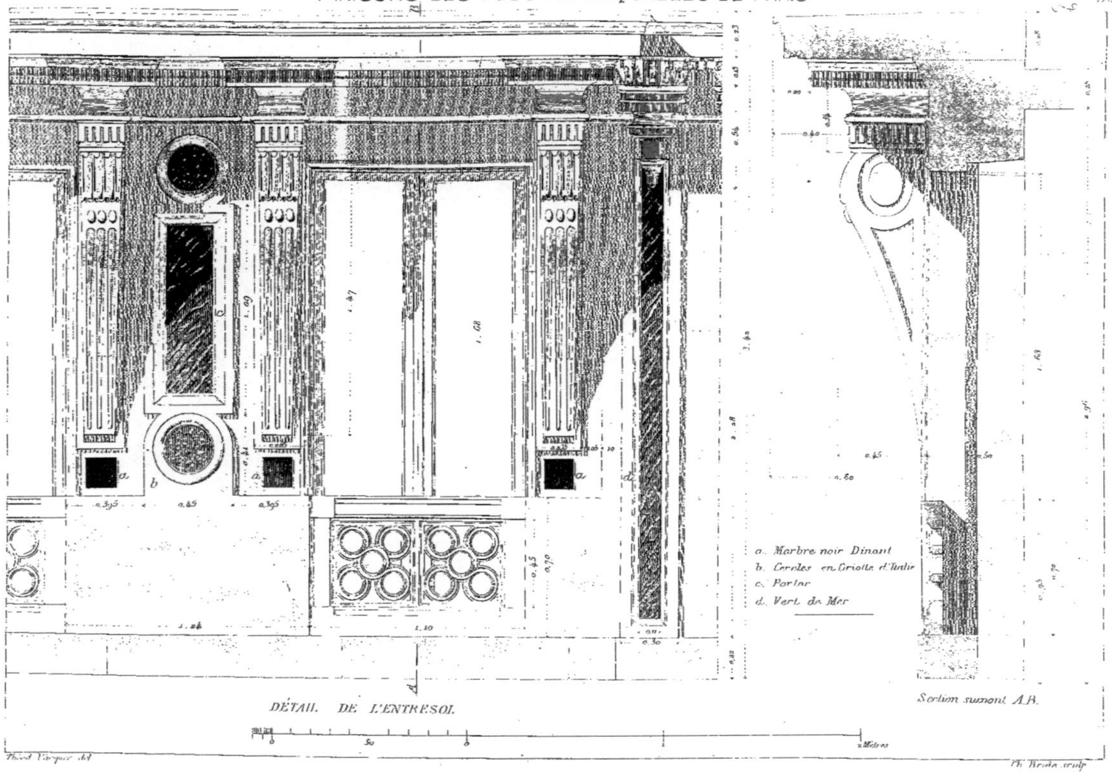

MAISON, Boulevard du Prince Eugène.

M. Brouilhony, Architecte.

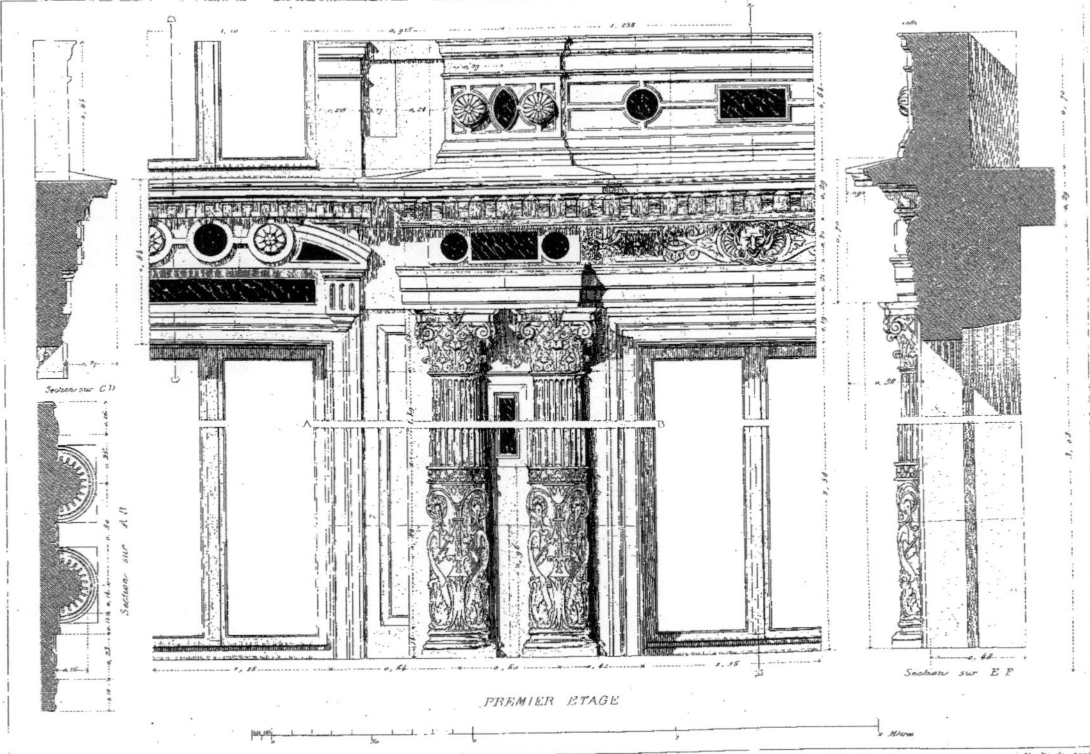

MAISON, Boulevard du Prince Eugène.

M. Broulhony, Architecte.

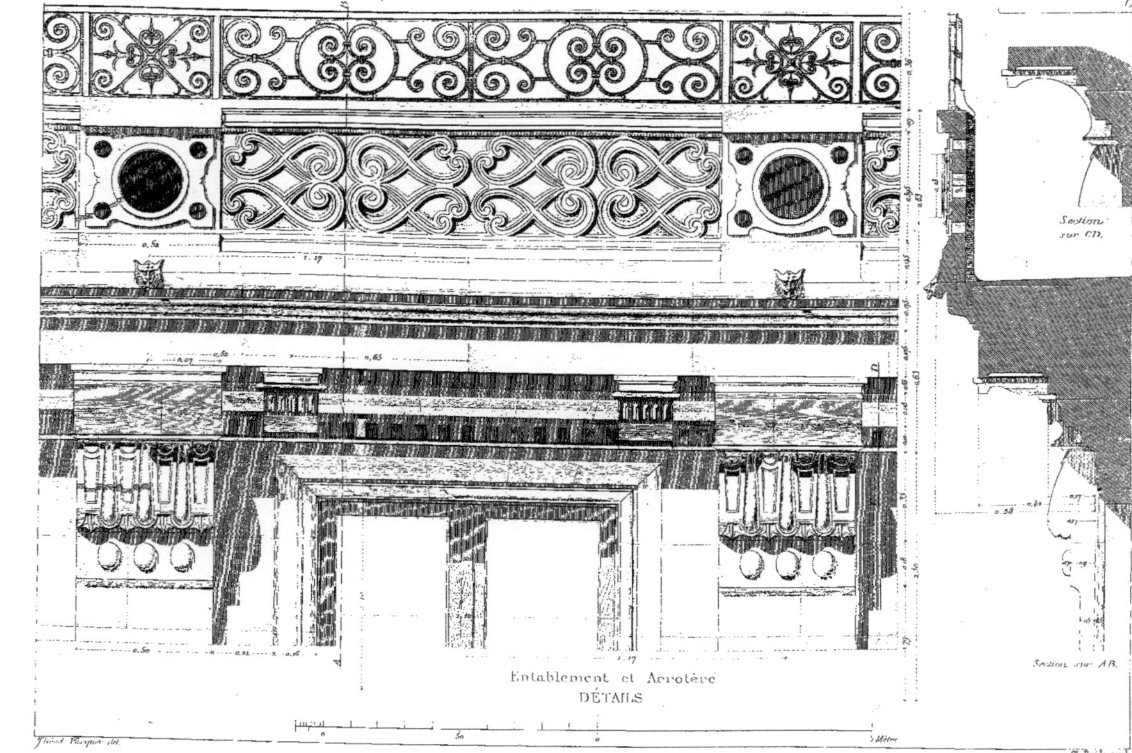

MAISON, Boulevard du Prince Eugène

M. Brouilhony, Architecte

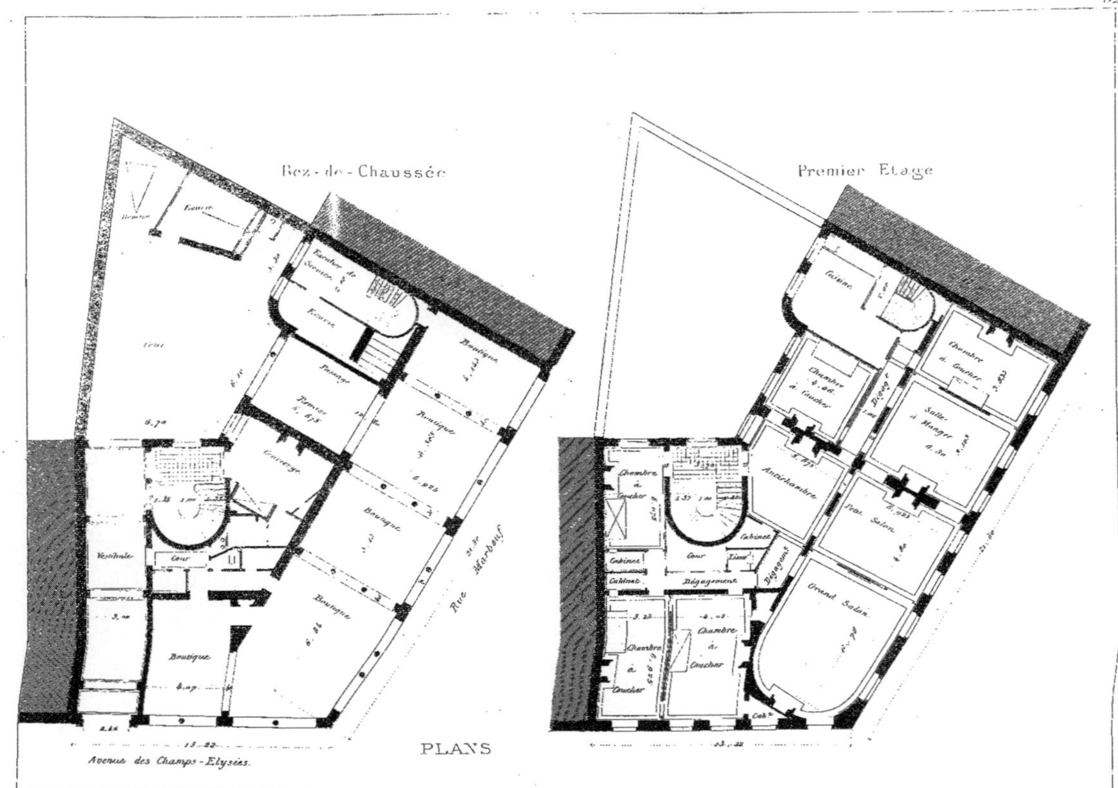

MAISON, Avenue des Champs Elysées, N° 37.
M. J. Lobrot, Architecte.

MAISON, Avenue des Champs-Élysées, N° 37
M. Lobrot, Architecte

DÉTAILS , — Entresol .

MAISON, Avenue des Champs-Élysées , N° 37.

M. Jules Lobrot , Architecte.

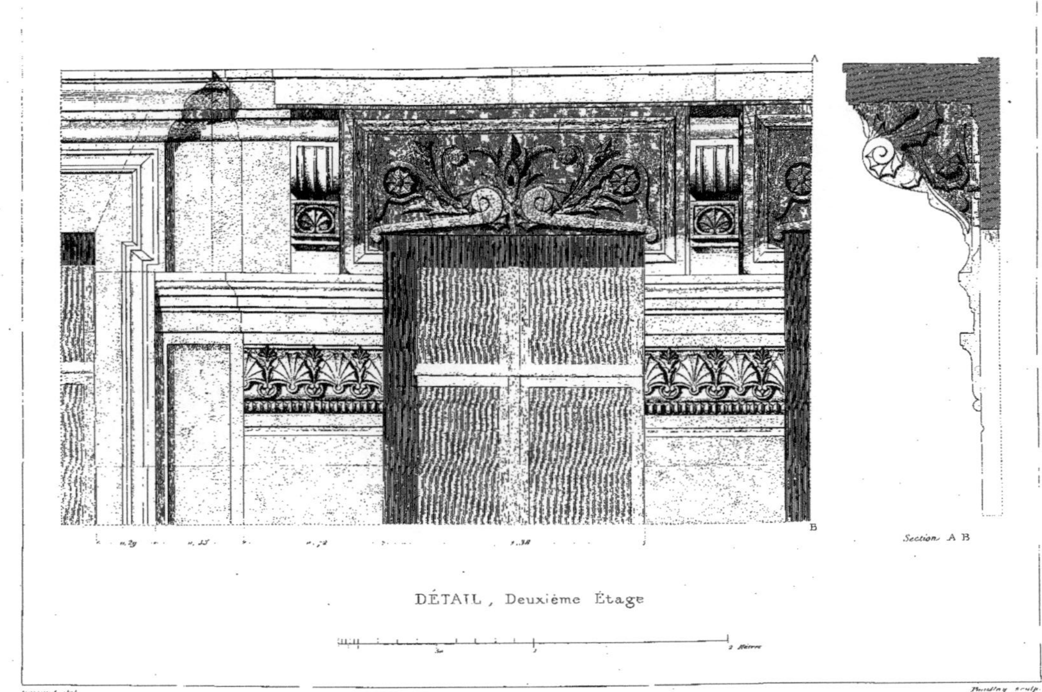

MAISON , Avenue des Champs-Elysées , N° 57.

V. Lehrot , Architecte

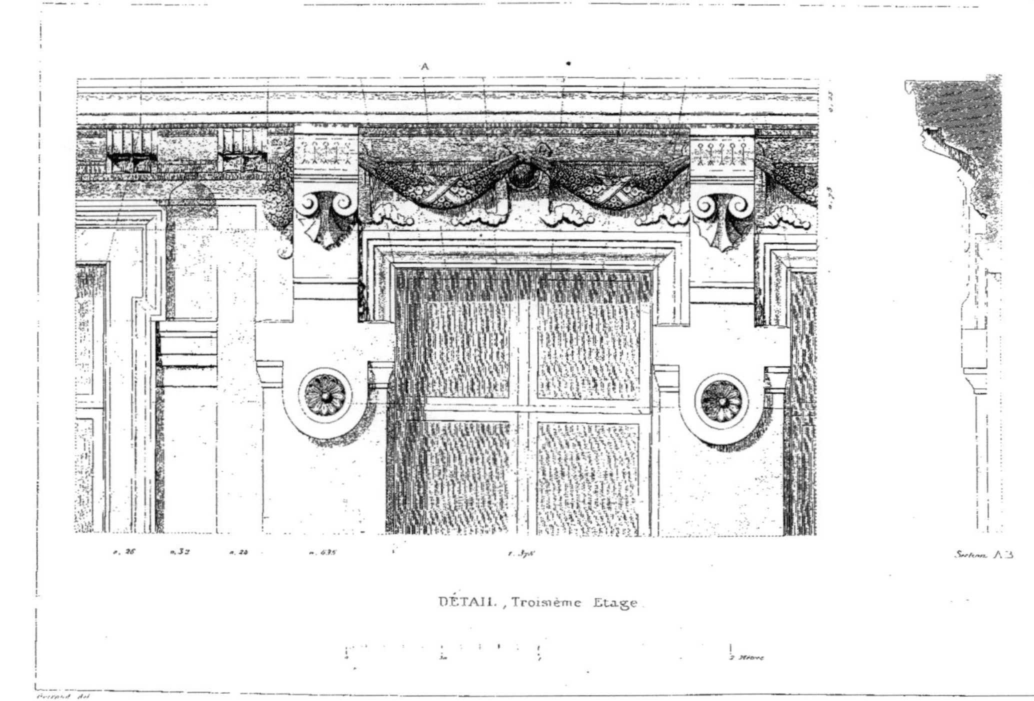

MAISON, Avenue des Champs-Elysées N.º 37.
M. J. Lobrot, Architecte.

Porte sur la Cour

MAISON, Boulevard de Sébastopol, 117.

Balcon

et Clés de Fenêtres

sur la Cour

MAISON, Boulevard de Sébastopol, 117

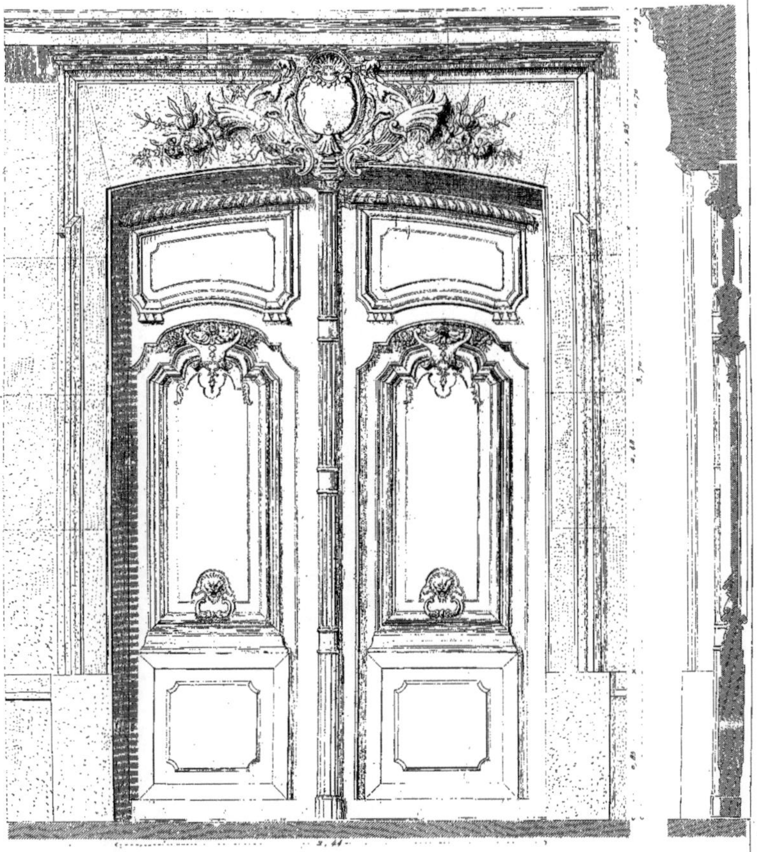

Détail de la Porte

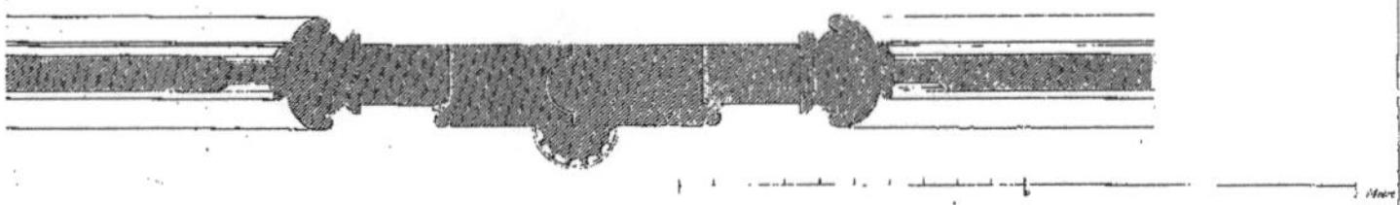

Garnaud del. Boudrot sc.

MAISON, Avenue des Champs-Élysées. N° 33.

M. Victor Marie, Architecte.

DÉTAILS

Premier Etage

Lucarne

MAISON, Avenue des Champs-Élysées N° 33.
M. Victor Marie, Architecte.

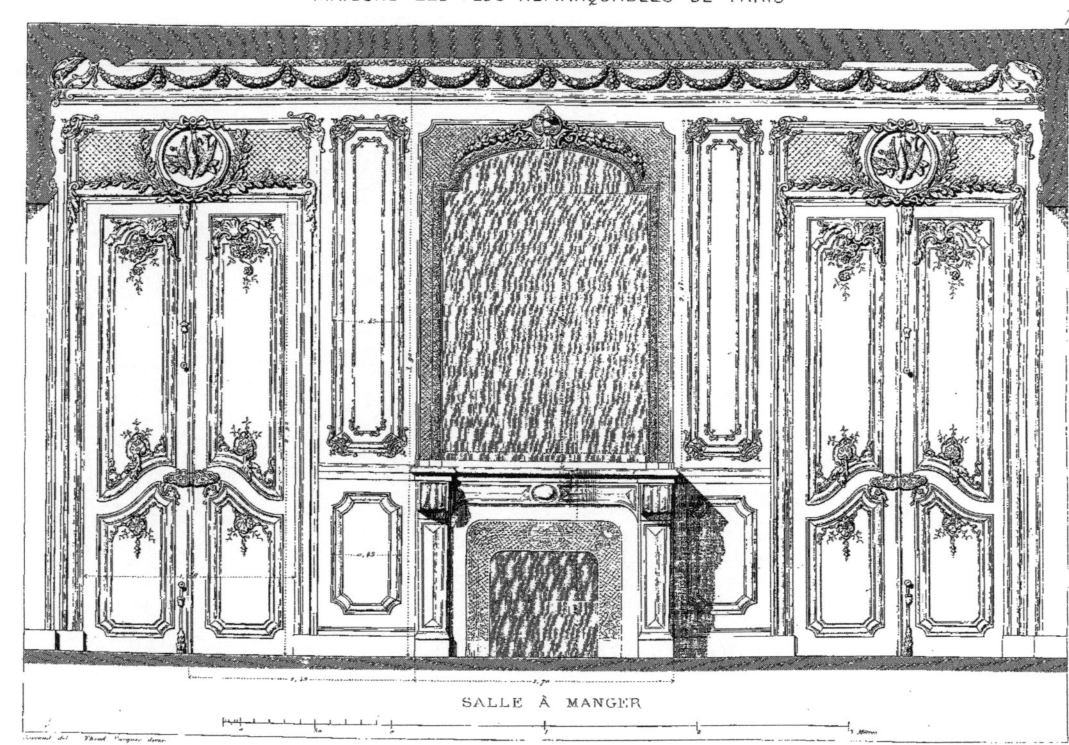

SALLE À MANGER

MAISON, Avenue des Champs-Élysées et Rue de Marignan.
M. Victor Marie, Architecte

SALON — Premier Étage

MAISON, Avenue des Champs-Élysées et Rue de Marignan
M. Victor-Marié, Architecte

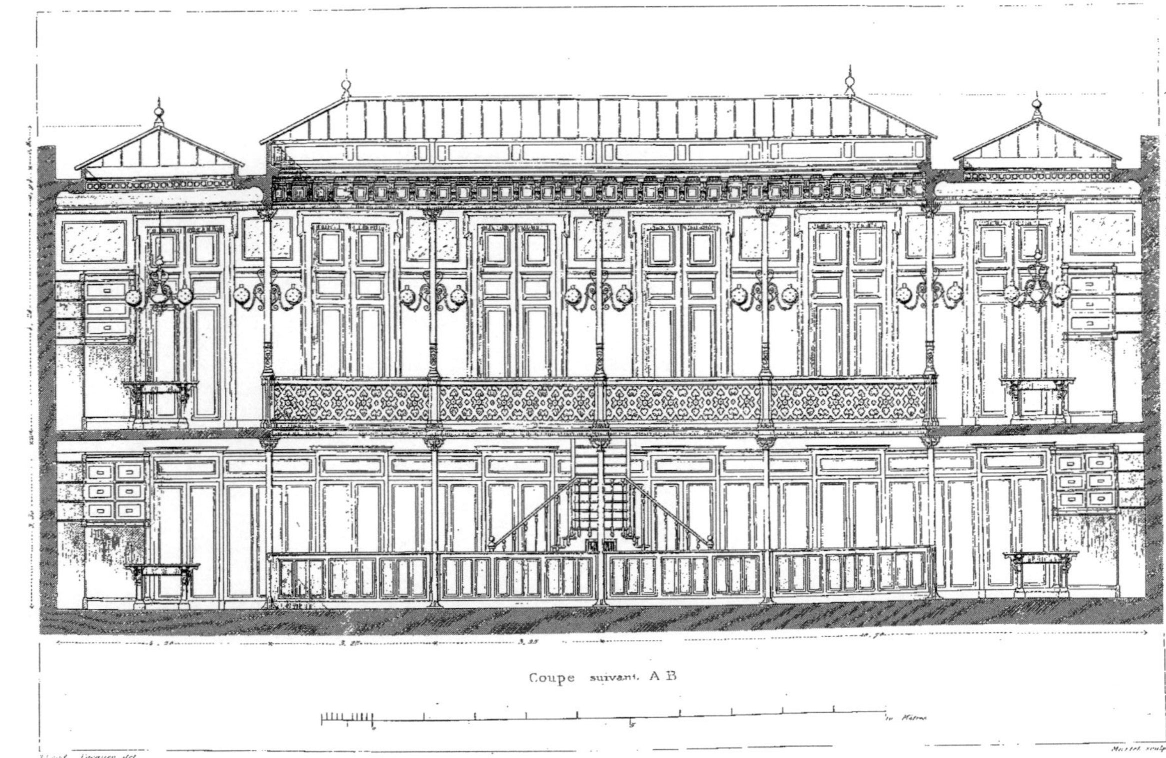

Coupe suivant. A B
INTÉRIEUR DE MAGASIN, Rue Croix des Petits Champs. Nᵒ 21.
M. Edmond Navarre, Architecte.

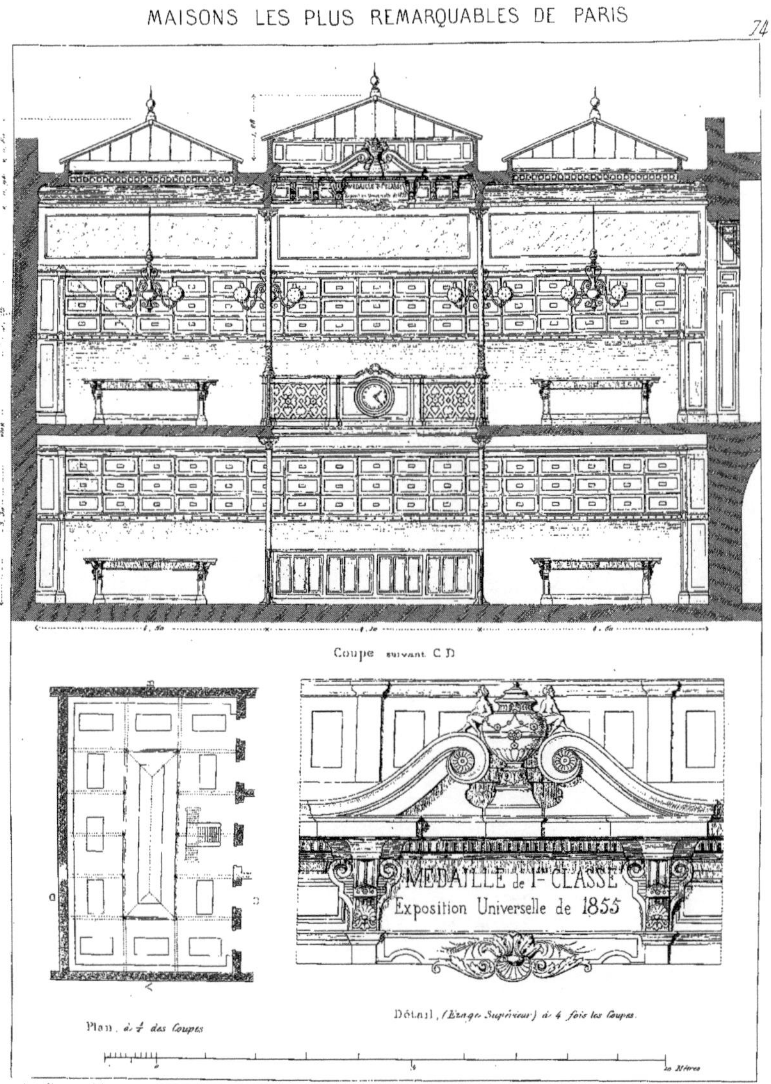

Coupe suivant C D

Plan, à ⅐ des Coupes.

Détail, (Étage Supérieur) à 4 fois les Coupes.

INTÉRIEUR DE MAGASIN, Rue Croix des Petits Champs, N° 21.

M. Edmond Navarre, Architecte.

SALON, Rue de Marignan, No 12.

MM. Bigle et Feydeau, Architectes.

Salle à manger

HOTEL, Rue de Marignan, N° 12

MM. Bigle et Feydeau, Architectes

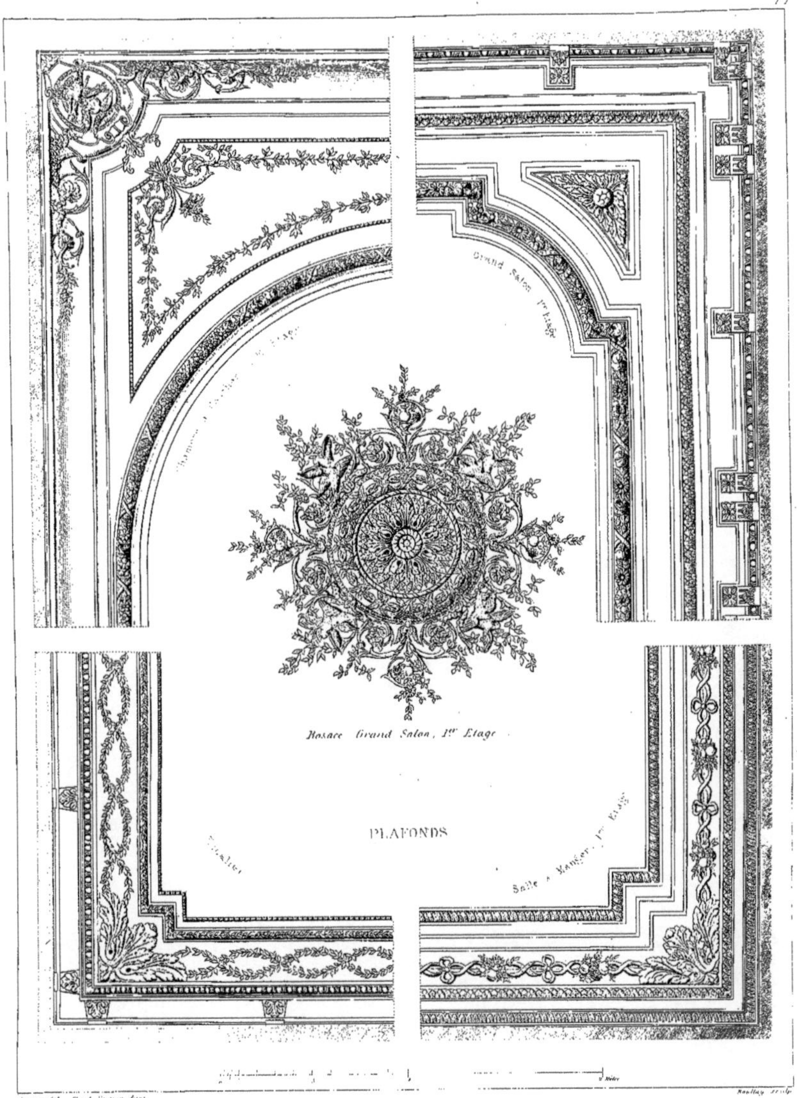

HOTEL, Rue de Marignan, 12.

MM. Biglé et Feydeau, Architectes

Façade latérale d'un Salon.

MAISON, Rue Neuve des Mathurins.
M. Gastellier, Architecte.

HÔTEL CASIÉRA, Rue Blanche.
Décoration Louis XVI.

HÔTEL CASIÉRA, Rue Blanche
Fond d'une des Galeries. Décoration Louis XVI.